À minha esposa Vanessa, meu alicerce, minha melhor amiga e maior incentivadora.

Às minhas filhas Alice e Lilia, anjos que Deus me presenteou para que eu aprenda muito mais do que ensine.

A Deus, por ter me dado a oportunidade de ver e viver a vida de uma forma mais leve e mais feliz.

Sumário

Prefácio 9

Líder

1. Introdução 17
2. Abrindo a Porta 21
3. Liderança é Controle 27
4. Liderança Positiva 35
5. Dois Ouvidos, uma Boca 43
6. Me dê Motivos 51

Leve

7. Leve, Não Leviano 67
8. Saber Dizer Não 73
9. O Joio do Trigo 77

10. A Prazo, não. No Prazo 85

11. Rios de Risos 93

Solto

12. Deixe a Água nas Mãos 107

13. Liderança Democrática 115

14. Tomada de Decisões 123

15. Se, Si, Consigo 131

16. Testes e Anotações 147

    Questionário da Tríade do Tempo 147
    TESTE: Você sabe liderar? 151
    TESTE: Perfil Comportamental 157
    Anotações 164

LAURO NISHIURA JR

LÍDER, LEVE e SOLTO

A ARTE DA LIDERANÇA COM LEVEZA E LIBERDADE

EDIÇÃO 1

2019

Copyright © 2018 de Lauro Nishiura Jr

Todos os direitos reservados. Este livro ou qualquer parte dele não pode ser reproduzido ou usado de forma alguma sem autorização expressa, por escrito, do autor, exceto pelo uso de citações breves em uma resenha do livro.

Capa: Marco Mancen
Edição e diagramação: Lauro Nishiura Jr.

Catalogação na Publicação (CIP)
Ficha Catalográfica feita pelo autor

N7241   Nishiura Jr, Lauro

Líder, Leve e Solto: A arte da liderança com leveza e liberdade / Lauro Nishiura Jr.
Montreal-QC / Canada. Edição do autor
2019. 170 p.

ISBN: 9781790973248

1.Autoajuda 2.Liderança 3.Gestão
I.Título. II.Autor

CDD:158.1
CDU:65

Edição 1
2019

Prefácio

No ano de 2005, eu estava imerso em um ambiente corporativo na maior companhia aérea do país, quando me vi intrigado ao ouvir as mesmas reclamações todos os dias. Eu e meus colegas de profissão, dizíamos com frequência o quanto nós amávamos as nossas profissões, como tínhamos orgulho da empresa em que trabalhávamos e, ainda assim, como éramos insatisfeitos, de certa forma, com o trabalho.

Resolvi então, parar para entender a grande lógica por trás dos prazeres e frustrações que se dão nas relações humanas e que regem um bom ambiente de trabalho.

Durante pouco mais de 10 anos, me dediquei a buscar a melhor forma de estabelecer as melhores práticas que propiciam e favorecem um bom relacionamento entre colegas de trabalho, buscando assim, melhorar o ambiente.

Acabei descobrindo algo que surpreendeu a mim mesmo. Percebi, que quando o que se busca é o bom resultado, você deve, justamente, retirar o foco do resultado. Focar no resultado é desfocar de todo o restante. Assim como diz o professor de ética da Escola de Comunicação e Artes da Universidade de São Paulo, Clóvis de Barros Filho, quando você vai ao oftalmologista e este lhe pede para que você olhe fixamente para um quadro e foque na terceira letra da segunda linha, automaticamente você tira o foco de todo o resto ao seu redor, ou seja, se o Doutor lhe perguntar sobre qualquer outra letra periférica àquela a qual você observava, obviamente você dirá que não sabe, afinal, aquele não era o seu foco.

No ambiente de trabalho funciona da mesma forma. Ao colocarmos o foco da empresa no cliente e nos resultados, obrigatoriamente estamos retirando o foco sobre os colaboradores, sobre a qualidade, sobre a segurança, sobre as relações interpessoais, enfim, todo o resto se torna nebuloso, sem clareza, sem importância, ou seja, fora de foco.

Percebi que as empresas funcionam como uma pirâmide e que no topo desta pirâmide, está o cliente. Não é possível manter o foco no topo da pirâmide sem se preocupar se sua base está sólida. Se a base ruir, não há topo que se sustente por si só.

Me dei conta de que era hora de mudar o foco. Focar na base da pirâmide e, a partir de então, ir construindo uma pirâmide cada vez mais robusta até chegar ao topo, com a certeza de que o topo será sólido o bastante e, portanto, gerará clientes cada vez mais satisfeitos.

Ora, o que é uma empresa senão as pessoas que a compõe? Uma empresa não existe por si só. Um nome, uma marca, por mais forte que seja, não se sustenta senão pelas pessoas que trabalham duro todos os dias para mantê-la. As pessoas, os colaboradores, são a base da pirâmide.

Ao focar na base da pirâmide, você, obrigatoriamente, deve abrir seu foco, dado o tamanho da base. A base da pirâmide é tão maior que seu topo, que focar na base lhe dá uma visão quase que geral da pirâmide, visão esta que aquele que foca somente no topo não se permite vislumbrar.

Quando comecei a observar a base com mais foco, percebi que, na maioria das empresas, a base era frágil, sem densidade, sem liga, sem o básico necessário para se criar uma base verdadeiramente sólida. A falta de densidade, significa dizer, em outras palavras, que percebi uma falta de união entre colegas de trabalho, um ambiente extremamente individualista que era gerado por uma intensa pressão e profundo estresse.

Para mudar esta realidade, era necessária uma total reorganização do ambiente e, para isso, alguém precisava tomar a frente da situação.

Ao compreender esta realidade, fui exposto ao universo do poder e da liderança que me abriu uma imensa porta para novas oportunidades de fazer algo diferente e mais produtivo e, por conta disso, desenvolvi uma técnica de liderança fundada, essencialmente, na Liderança Positiva.

A Liderança Positiva é a maneira de liderar focada na gestão de pessoas. O Líder Positivo é aquele que tem como objetivo favorecer o bom relacionamento entre os membros de uma equipe. É aquele que compreende que, se quisermos ter flores cada vez mais bonitas e saudáveis, devemos nos concentrar em regar a terra e não as flores. A Liderança Positiva é a maneira mais eficaz de liderar pessoas, consciente de que clientes satisfeitos são frutos de uma equipe de trabalho satisfeita.

Em 2018, trabalhando na sede da empresa canadense Bombardier, líder mundial na produção de aeronaves regionais, atuava como gestor responsável pela linha final de produção e centro de testes. Após desenvolvermos a aeronave comercial mais moderna e de melhor performance do mundo, o C-Series, o projeto foi vendido para a gigante francesa Airbus que o renomeou para A220. Como agora sócia majoritária do A220, a Airbus passou 6 meses conosco em Montreal, na província de Quebec no Canadá, para analisar nossas práticas e procedimentos a fim de aumentar nossa produção. Após este período, uma reunião foi feita com a nova cúpula de gestores e os resultados nos foram apresentados. Para minha surpresa, a performance da minha equipe e minha própria performance pessoal, foram apresentadas para todos os gestores, juntamente com as explicações dos motivos pelos quais minha equipe obtinha uma eficiência, em média, 65% mais elevada do que as demais. Ao término daquela reunião, anunciaram também qual seria minha nova missão dentro da empresa.

Além de continuar exercendo meu cargo de gestão com, em média, 8 projetos consecutivos envolvendo mais de 95 funcionários diretos e indiretos, a partir daquele dia, eu seria também responsável por desenvolver um programa de treinamento de gestores para, em 6 meses, formar toda a equipe de Supervisores e Gerentes com minhas práticas de Liderança Positiva.

Em todos estes anos que tenho atuado na área de gestão, sempre obtive o aval de meus superiores para continuar aplicando minhas práticas com minhas equipes, mas desta vez era diferente. Pela primeira vez, tinha o aval para padronizar toda a equipe de gestão focada nos funcionários e no bom ambiente de trabalho. Pela primeira vez, uma empresa multinacional, que fatura anualmente 64 bilhões de euros, me dava a confiança necessária para aplicar meus conceitos de Liderança Positiva e gestão de pessoas.

Este processo de treinamento, formação e padronização de liderança rendeu este livro.

Estejam certos de que a Liderança Positiva se aplica, não somente aos ambientes corporativos, mas também a toda relação humana que envolve liderança. Basta substituir o cliente, pelo objetivo que ser quer alcançar através de uma equipe, seja em família ou entre amigos. Um bom ambiente, trará sempre os melhores resultados.

Líder, Leve e Solto, a arte da liderança com leveza e liberdade, é, acima de tudo, um manual do líder moderno.

LAURO NISHIURA JR

Líder

Introdução

– Eu quero! E quero agora!

Foram estas duas frases, em tom elevado e direcionadas a mim, que há mais de 10 anos me motivaram a buscar ser o líder que descrevo neste livro.

Eu trabalhava em uma grande empresa da aviação brasileira em 2006, quando, ao terminar todas as minhas tarefas do dia, me sentei na sala de materiais técnicos em frente a um computador. Aguardava apenas os últimos 10 minutos antes de dar o meu horário, para enfim, marcar meu ponto e ir para casa. O computador era uma biblioteca técnica e, portanto, sem acesso à internet. Encontrei um software de estudo de inglês e comecei a fazer alguns testes e exercícios para aproveitar aqueles 10 minutos, até então inúteis, para ao menos aprimorar meu inglês.

Ao menos 20 funcionários estavam naquele local. Todos conversando e com o mesmo propósito, aguardar a hora de ir embora, mas apenas eu estava fazendo algo razoavelmente útil de fato.

De repente, o gerente do setor adentrou aquela sala. No mesmo instante, todos abaixaram um pouco o tom de voz, mas continuaram conversando. Eu, claro, me mantive focado nos meus "estudos" de inglês.

O gerente cumprimentou alguns dos funcionários que estavam naquela sala e veio direto em minha direção. Se colocou em pé ao meu lado e ficou olhando para a tela do meu computador. Me virei e o cumprimentei, quando ele me indagou:

– O que você está fazendo? – me questionou com olhar firme.

– Estou estudando um pouco de inglês – respondi com certa naturalidade.

– Você não tem mais nada para fazer?

– Não – respondi com a mesma calma inicial.

– Você não acha que você deveria ir perguntar para as outras equipes se alguém está precisando de ajuda? – me indagou desta vez em tom ameaçador.

– Eu já o fiz. Me disseram que não precisavam – afirmei com convicção, afinal, eu havia de fato questionado.

E assim, me virei para o computador e continuei meus exercícios de inglês, quando, para minha surpresa, o gerente me toca o ombro.

– Você vai continuar aí? – perguntou com a voz impostada em tom ainda mais agressivo.

– Pretendo, ao menos que você queira que eu desligue o computador.

Foi então que ele disse as duas frases que, até hoje, ainda ecoam na minha cabeça.

– Eu quero! E quero agora!

Caros leitores. Há muito mais escondido nestas duas frases que somente autoritarismo e ignorância.

Estas frases me revelaram o poder da liderança, que não necessariamente é positiva, além de me mostrar também o quão devastador pode ser uma liderança negativa.

O sentimento gerado em mim foi uma mistura de humilhação, desconfiança e perplexidade.

Me senti humilhado diante dos meus colegas que testemunharam aquela cena de autoritarismo gratuito.

Perdi totalmente a confiança em meu líder que demonstrou total despreparo no trato com os seus liderados.

Mas sem dúvidas, o sentimento que mais mexeu comigo foi a perplexidade. Os dicionários não definem exatamente assim, mas a minha definição de perplexidade é a junção do inesperado com a incompreensão. Sabe quando você é pego de surpresa por uma atitude que você julga completamente sem sentido? Sabe quando você entende o que foi dito, mas ainda assim, a primeira coisa que vem na sua cabeça é a pergunta: – Oi?

Pois bem, foi assim que me senti.

Aquele sentimento despertou em mim um desejo profundo de compreender aquela situação.

Poucos minutos depois eu já estava voltando para minha casa com aquelas frases ecoando na minha cabeça. Ao mesmo tempo em que eu revivenciava aquela cena em minha mente, eu buscava possíveis explicações para aquela atitude, além de me questionar como e por que eu faria diferente.

Ali, sem eu perceber, eu começava a me interessar por um universo, até então, novo para mim.

Aquelas frases, foram na verdade, uma grande porta de acesso para o universo do poder e da liderança que eu os convido a abrir a partir de agora.

2

Abrindo a Porta

Ao descobrir o universo do poder e da liderança, percebi o quão importante é saber usar a liderança positivamente.

Liderança, significa exclusivamente exercer poder suficiente para influenciar pessoas a seguirem seus passos ou suas instruções. Leve esta influência à boa direção ou não, não importa, se exerceu influência, exerceu liderança.

Onde duas ou mais pessoas estiverem convivendo, lá haverá liderança. Na família, com os amigos ou no ambiente de trabalho, a liderança sempre estará presente e é ela quem dita o bem-estar do ambiente. O líder é capaz de alcançar seus objetivos de diversas formas, mas sem dúvidas, a liderança positiva é a que alcança os melhores resultados ao menor custo.

Quando eu falo de custos, certamente não estou falando apenas em valor financeiro. O custo para se chegar ao objetivo, inclui desde as relações interpessoais, nível de estresse e bem-estar da equipe, passando por motivação, resiliência, foco e, até mesmo, fatores como condições de trabalho e salários.

Ao se dar conta de que todos esses fatores contribuem para o custo do objetivo a ser alcançado, não posso, em nenhuma hipótese, concordar com um pensamento maquiavélico de que os fins justificam os meios.

Estou certo de que os fins serão alcançados de uma maneira muito mais eficaz, se os meios forem mais prazerosos para todos. Para isso, a liderança positiva é fundamental.

Quando a porta da liderança se abriu para mim, passei a analisar profundamente os fatores que constroem uma liderança positiva. A partir daí, fui buscar, dentre esses fatores, quais eram aqueles que eu julgava mais valiosos. Encontrei então a maneira que me mostrou ser a mais eficiente e, assim, percebi que a liderança poderia ser muito mais leve e com muito mais liberdade.

O gerente citado na Introdução deste livro era um líder nato. Isso eu não posso negar, porém, tinha dificuldade em manter sua liderança voltada ao lado produtivo. Ser líder, é muito mais do que ser chefe. É preciso entender que um líder é alguém que deve ser seguido. E sabe o que é perigoso? O líder será seguido, mesmo que involuntariamente. Vou dar alguns exemplos:

Há o líder do tipo "A última palavra é a minha". Um líder como o gerente já citado, precisa dar a última palavra sempre. Eu claramente havia tomado uma decisão sozinho.

Decidi estudar inglês. Além disso, decidi permanecer estudando. É possível que ele permitisse que eu permanecesse estudando, se ali estivéssemos somente ele e eu, porém, diante de aproximadamente 20 testemunhas, o seu instinto de líder de última palavra falou mais forte e ele, sem ao menos refletir, preferiu ser contraproducente e dar sua palavra final para delírio de seu ego.

Há também o líder do tipo "Faça o que eu digo, mas não faça o que eu faço". Em mais de vinte anos em ambiente corporativo, vi inúmeros líderes desse tipo. Há aqueles que exigem pontualidade quando não são pontuais. Há outros que exigem calma que eles mesmos não possuem. Há ainda alguns que exigem uma profundidade de conhecimento que nem eles são capazes de avaliar e muitos outros exemplos que ainda veremos adiante.

O fato é que, como mencionado, o líder será seguido mesmo que involuntariamente. Isso quer dizer que, líderes que possuem sempre a palavra final, tendem a formar equipes pouco arriscadas. Uma vez que a decisão final será sempre do líder, o risco também sempre será dele. Líderes que não são pontuais, tendem a formar equipes que não respeitam horários e prazos. Assim como líderes estressados tendem a formar equipes com dificuldade de manter a calma em situações adversas.

Por isso que a abertura dessa porta é algo muito importante para qualquer um que já é um líder ou almeja ser um.

Entender que a liderança pode ser potencialmente igual, positiva ou negativamente, foi a primeira grande lição que a abertura dessa porta me deu, afinal, essa percepção já elimina metade dos seus erros, mas como dito, ao abrir essa porta, você descobre o universo do poder e da liderança, logo, eliminar metade dos seus erros é eliminar apenas metade deste universo, isso significa que ainda temos muito trabalho pela frente, já que a outra metade deste universo que nos resta, ainda é universalmente grande.

Quando essa porta me foi aberta, passei a procurar entender quais os fatores que mais influenciavam no direcionamento da liderança para o lado positivo.

Comecei a perceber quais eram as maiores queixas dos liderados em relação ao seu líder. Quais eram suas maiores frustrações e quais eram suas maiores críticas. Foi aí então, que eu percebi que a maioria dos liderados nasceram para ser liderados, por isso, a grande maioria não sabe nem ao menos identificar a origem do seu descontentamento em relação ao seu líder. Sendo assim, entregar aos liderados exatamente aquilo que eles esperam de seu líder, com a expectativa de, desta forma, ser um líder positivo, definitivamente não é a melhor solução. Agindo assim, as chances de você ser um "líder de influência negativa" são enormes, afinal, quem não sabe onde quer chegar, nunca pode ser aquele que dirá o caminho. Essa foi a segunda grande lição que a abertura da porta me deu.

Já que observar as necessidades dos liderados não me levariam ao caminho da melhor liderança positiva, passei então a observar quais foram as melhores práticas dos líderes que tive na minha carreira que me influenciaram positivamente.

Esta foi uma grande frustração. A grande maioria dos líderes, são escolhidos por possuir uma liderança nata. Alguém que exerce influência sobre os demais, tende a ser promovido à cargos de liderança. Mas não podemos esquecer o fato de que líderes natos podem ser bem mais suscetíveis a, por vezes, exercerem influência negativa. O problema é que a maioria dos líderes têm seus resultados medidos através do aumento da produtividade, o que não significa que sua equipe está necessariamente satisfeita. Significa apenas que a maioria dos líderes mais bem avaliados, eram aqueles que, na média, influenciavam mais positivamente do que negativamente. Enfim, a média definitivamente não era aquilo que eu buscava. Eu buscava a excelência na liderança positiva. Logo percebi que analisar os que nasceram com a liderança como parte de sua personalidade, não me levaria ao resultado que buscava, mas não fique frustrado se você é um líder nato. A liderança positiva se aprende e eu vou lhe mostrar como.

Realmente, a abertura dessa porta me mostrou que, se eu de fato quisesse ser o líder que eu nunca tive, eu teria que me dedicar muito. Se analisando os liderados não me levaram a lugar algum e analisando os líderes tampouco, o que me restava era mergulhar de cabeça no universo do poder e da liderança que essa porta acabara de me abrir.

3

Liderança é Controle

Mesmo ainda não exercendo um cargo de liderança, comecei minha longa caminhada em busca da compreensão do porquê algumas pessoas seguem outras. Por qual motivo alguém segue seus passos ou suas instruções? Há inúmeras respostas, mas procurar conhecê-las é fundamental para se tornar um líder positivo. Quanto mais você compreender o mecanismo que faz com que liderados sigam seu líder, mais fácil será exercer a liderança positiva.

O caminho mais fácil, é começar a observar líderes natos. Há pessoas que possuem uma liderança desde sua primeira infância. Crianças que já eram seguidas por seus irmãos, amigos e até mesmo pessoas mais velhas. Sabe aquele menino ou menina da época da escola que era super popular e que muitos queriam andar ao lado? Aquele que sempre estava rodeado de amigos prontos a ouvirem suas histórias? Pois este é um líder nato. Nasceu líder. Esta é sua personalidade, sua natureza.

Há aqueles também que exercem a mesma liderança por conta de alguma habilidade diferenciada. É comum que o grande jogador do time seja o líder, ou aquele cara que toca violão nas festas seja o mais observado e, assim, exercer de certa forma alguma influência, ou seja, liderança.

Pois é, infelizmente muitos acreditam que essa seja a única forma de ser um líder. Que somente líderes natos podem exercer influência.

Eu penso completamente o contrário. Liderança se aprende. Liderança é uma habilidade que você pode ter se quiser ter. E ainda vou mais longe. As chances de você se tornar um grande líder positivo são muito maiores se você não for um líder nato.

Certa vez, um grande maestro pianista e professor de piano de longa data, me disse que ao receber dois alunos com a mesma idade, porém um que já toca alguma coisa e outro que nunca chegou perto de um piano, lhe despertava sempre o mesmo sentimento. Dizia ele:

– Com estudo, técnica e treino eu farei os dois tocarem bem um dia, mas será muito mais fácil com o que nunca viu um piano.

– Por qual razão? – eu lhe perguntei.

– Pelo simples fato de que eu não terei que perder nosso tempo em aula retirando todos os vícios que ele já adquiriu com suas arriscadas no modo autodidata.

Com a habilidade da liderança funciona da mesma forma. Líderes natos exercem liderança positiva e negativa. Falarei da mesma forma que o professor de piano. Com estudo, técnica e treino, eu farei de você um líder positivo, mas se você for um líder nato, levará um pouco mais de tempo até que você toque uma sinfonia perfeita, isto é, seja capaz de controlar a si mesmo em situações onde, involuntariamente, você poderia exercer uma liderança negativa.

Aliás, controle é a grande chave de um líder. O líder é quem conduz, é quem está no comando, é quem está no controle. Quando as situações fogem do controle de um líder, lá se foi também sua liderança.

Um condutor de um automóvel, além de saber para onde está indo, está no controle total de seu veículo, é ele quem controla a velocidade, as intensidades das freadas, o câmbio, o acendimento dos faróis e o limpador de para-brisas. Assim é também um líder. Não basta saber onde se quer chegar, é preciso estar no controle.

Mas não se desespere, estar no controle não significa precisar fazer de tudo. Assim como o controle do rádio está ao alcance do condutor, o passageiro pode muito bem ficar responsável por mudar de estação. Mas mesmo quando o controle do rádio não está sob a responsabilidade do condutor, certamente se for solicitado ao passageiro que abaixe o volume para que o condutor consiga ter mais atenção na via, assim será feito, afinal, mesmo sem encostar sua mão e nem decidir sobre qual estação será ouvida, o controle continua sendo do condutor.

29

Estar no controle está longe de ser o executor, pelo contrário, estar no controle significa delegar sabendo qual resultado se espera e saber agir caso não se obtenha o resultado esperado. Ao pisar no freio, o condutor do veículo espera que as pastilhas de freio façam seu papel e pressionem os discos de freio reduzindo a velocidade. Caso isso não ocorra, o condutor terá pouco tempo para decidir seu próximo passo, como por exemplo reduzir de marcha ou aplicar o freio de mão. Mais uma vez, dois comandos que ele espera um resultado, seja do motor ou do freio de mão, respectivamente.

Perceba que o condutor de um veículo não é o conjunto de freios, nem o motor, tampouco os limpadores de para-brisa. O condutor é quem os controla e sabe o resultado que se espera.

O condutor de um veículo é, acima de tudo, o líder do seu veículo e, assim como para qualquer líder, a perda do controle pode significar uma tragédia.

Sem dúvidas, para imensa maioria, liderar um veículo é muito mais fácil do que liderar pessoas.

Pessoas podem ser imprevisíveis, o que torna muito mais difícil controlar sabendo qual resultado a ser esperado. Por isso, quanto mais você conhecer sua equipe, mais previsível ela se tornará, facilitando muito o seu trabalho como líder.

É sempre muito importante se atentar ao fato de que o líder é também parte da equipe e que, portanto, também deve ser controlado. Este é um ponto crucial para o seu sucesso na liderança positiva, o autocontrole.

O autocontrole é absolutamente fundamental no processo de desenvolvimento de uma liderança positiva. Ele, por si só não transforma sua liderança em uma liderança positiva, porém o inverso, é infelizmente verdadeiro. Ao se perder o autocontrole, sua liderança passa instantaneamente a ser uma liderança negativa.

Você gostaria de estar em um automóvel cujo condutor está descontrolado? Por certo você irá desembarcar na primeira oportunidade que tiver. Além de implorar a cada segundo para que essa oportunidade apareça. Assim também agirá um membro de uma equipe, cujo líder, perde com frequência o autocontrole. A tendência é que ele busque novas oportunidades para se livrar de seu líder o quanto antes.

Se identificou com alguém? Se lembrou daquele ou daquela líder que você teve ou tem? Isso não é exclusividade sua.

Uma pesquisa realizada por uma das consultorias de recrutamento e seleção de executivos mais renomadas do Brasil, apontou uma alta insatisfação com a carreira.

A insatisfação é de 46% entre os homens e ainda maior entre as mulheres, chegando a 49%. Além disso, a pesquisa revela que apenas 9% dos pesquisados dizem estar satisfeitos com o ambiente no trabalho.

Como já dito, é o líder quem dita como será o ambiente. O ambiente varia proporcionalmente conforme o estado emocional de seu líder.

A pesquisa ainda demonstrou que a principal queixa não é, como muitos pensam, a de remuneração salarial, mas sim de reconhecimento profissional e satisfação pessoal com o trabalho. Estes dois últimos itens somados, correspondem a mais de 67% dos anseios dos entrevistados, contra 12% de reconhecimento por salários ou benefícios.

Questionados sobre quais as alternativas para se reverter esse quadro, 73% dos entrevistados insatisfeitos responderam que trocariam seus líderes.

Albert Einstein, disse algo como: "Loucura é querer resultados diferentes fazendo sempre tudo igual". Ora, se 73% das pessoas trocariam seu líder como parte da solução de seus problemas, algo precisa ser feito de diferente para se obter resultados diferentes.

Mas como fazer diferente? Assuma o controle! O líder positivo freia antes de passar por um buraco.

É preciso fazer a leitura da situação. São dois os pontos importantes a serem observados.

O primeiro ponto é o fato destacado pela pesquisa. 73% das pessoas que estão insatisfeitas profissionalmente, atribuem a insatisfação ao ambiente de trabalho. Se a principal queixa dos profissionais está ligada diretamente ao ambiente de trabalho e a imensa maioria trocaria seus líderes como primeira opção de solução, fica claro aqui que eles reconhecem que o líder é o maestro da orquestra, o responsável pelo ambiente e é quem está no controle.

O segundo ponto a ser analisado é o fato de que, se a queixa é quase que generalizada, isso significa que os líderes não estão sendo trocados. Mesmo sendo os principais responsáveis por um ambiente ruim de trabalho, lá eles estão e lá eles continuam. E qual a razão para isso? Os resultados.

O que mantém os líderes em seus cargos, é exclusivamente o resultado. Isso é um fato, os resultados estão sendo atingidos, as metas estão sendo batidas e os lucros estão entrando na conta das empresas.

É por esta razão que quando mergulhei de cabeça no universo do poder e da liderança, resolvi desenvolver uma técnica com um objetivo muito bem definido. Mudar a equação, mantendo o mesmo resultado.

Resolvi assumir o controle!

Liderança Positiva

Até aqui, já mencionei o termo "Liderança Positiva" por aproximadamente 15 vezes. Mas o que de fato é a liderança positiva?

Por também fazer parte do imenso grupo de pessoas insatisfeitas com seus líderes, me dei conta de que eu não poderia esperar eternamente por um líder "perfeito". Tampouco poderia mudar de emprego sucessivas vezes, até dar a sorte de encontrar um líder que proporcionasse um bom ambiente de trabalho. Resolvi então me inspirar em Mahatma Gandhi, famoso líder pacifista, que no início do século XX disse a célebre frase: "Seja a mudança que você quer ver no mundo."

Após a porta do universo do poder e da liderança ter se aberto para mim, eu ter compreendido que liderar é essencialmente influenciar pessoas, ter tido a percepção de que, uma péssima influência, continua sendo uma influência e, portanto, continua exercendo liderança e ter resolvido assumir o controle para, enfim, fazer diferente, me faltavam as estratégias para desenvolver uma maneira de exercer liderança com dois objetivos claros:

Manter os bons resultados que os líderes obtinham e, ao mesmo tempo, melhorar o ambiente de trabalho.

Uma coisa era bem clara na minha cabeça. Se com um péssimo ambiente de trabalho, onde mais da metade da equipe está insatisfeita, onde destes, 73% querem trocar seus líderes e ainda assim, os resultados são atingidos, justificando a manutenção dos cargos de liderança, imagine com uma equipe satisfeita, com reconhecimento profissional e um ótimo ambiente de trabalho. Tudo seria mais fácil!

É exatamente isso que eu chamo de redução de custos do resultado. É fazer com que os mesmos resultados, ou resultados ainda melhores, sejam alcançados, porém com muito menos esforço ou sofrimento.

Não me parecia uma tarefa muito difícil. Aliás, parecia tudo tão óbvio, tudo tão simples. Basta melhorar o ambiente de trabalho e pronto!

Realmente é mesmo tudo tão óbvio, mas não necessariamente tudo tão simples. A gestão de pessoas, envolve um certo tato especial com as diferentes demandas individuais. A maneira como Jorge quer ser tratado, por exemplo, não é obrigatoriamente a mesma maneira que Pedro gosta de ser tratado. Não se compra uma fórmula pronta dentro de um frasco e... Bingo! Seus problemas acabaram. Isso tudo, eu só viria a descobrir alguns anos mais tarde, colocando minhas ideias em prática em ambiente corporativo.

Comecei então, a partir da ideia de que era tudo realmente simples, o que de fato me ajudou, afinal, nos animamos quando percebemos que tivemos um grande insight sem grandes obstáculos.

Como até então eu não possuía um cargo de liderança, comecei a aplicar os conceitos da Liderança Positiva na minha vida pessoal, até porque, não é necessário possuir um cargo de liderança para ser um líder, basta viver em sociedade para poder ser influente.

Os resultados foram mesmo impressionantes. Absolutamente tudo funciona melhor em um ambiente melhor. O que parece não ser nenhuma novidade, mas incompreensivelmente as pessoas insistem em manter ambientes pesados.

Sabe aquela história de: Nunca seja grosseiro com um garçom ao reclamar do seu prato, afinal de contas é ele quem vai trazer seu próximo prato. É esta simples lógica que devemos aplicar aos liderados. Seja na vida pessoal, como no caso do garçom, ou no ambiente corporativo.

Você quer que seu liderado lhe entregue exatamente aquilo que você pediu? Então faça o teste. Peça a mesma coisa a dois dos seus liderados, porém, seja grosseiro com o primeiro e gentil com o segundo. Agora quem você acha que lhe entregará exatamente o que você pediu?

Infelizmente, no mundo corporativo, é bem provável que ambos lhe entreguem o que você pediu. Por muitas vezes, no ambiente corporativo as pessoas se submetem ao "inaceitável" para garantir seus empregos. Isto é facilmente demonstrado através dos bons resultados obtidos, apesar do péssimo ambiente de trabalho. Porém, a médio e longo prazo, as pessoas que não recebem tratamento adequado e respeitoso, tendem a oferecer um serviço cada vez pior e em menor quantidade. Já aquelas que se sentem respeitadas e valorizadas, tendem a oferecer cada vez mais e melhor.

O conceito se aplica, igualmente, nas relações pessoais do dia a dia. Exercer influência de maneira positiva, lhe trará sempre resultados melhores a curto, médio e longo prazo.

Todos já tivemos líderes de todos os tipos, mas desde a primeira infância, muitos são falsamente levados a crer que líderes negativos são mais eficientes. Isto se deve ao fato de existir um fator muito forte na primeira infância, o medo.

O medo é um dos gatilhos que nos fazem seguir as instruções de nossos primeiros líderes. Na vida de quase todos nós, nossos primeiros líderes foram nossos pais e professores. A grande maioria não precisa se esforçar muito para se lembrar de uma bronca na infância recebida dos pais ou professores.

Qual a maneira mais automática possível que os pais ou professores têm para exigir de você que siga suas instruções? Instintivamente se eleva o tom de voz, se fala de maneira mais ríspida e com um semblante menos amigável. É naturalmente assim para a imensa maioria.

Pronto! Mais um tijolinho foi colocado no seu castelo de liderança que se forma no seu inconsciente, para assim, solidificar ainda mais a ideia de que é preciso ser duro e incisivo para se exercer liderança. Assim se formaram a grande maioria dos líderes que vemos atualmente. Por mais bem-intencionados que possam ser, no fundo há algo que diz que o resultado só virá sob um tom de voz ameaçador que ativará o gatilho do medo.

É preciso entender, que adultos têm outros gatilhos que os fazem seguir instruções. Ao longo da vida, aprendemos não só a respeitar, mas principalmente a retribuir.

Há um pensamento, antigo e ultrapassado, de que líderes são seguidos por medo ou respeito. Na realidade, os adjetivos antigo e ultrapassado, foram adicionados por mim. A bem da verdade é que este pensamento, infelizmente, ainda persiste nos dias de hoje.

A Liderança Positiva, insere uma nova variável a este pensamento. Eu diria que líderes são seguidos por medo, respeito ou por retribuição. Esta terceira variável é a chave do sucesso da Liderança Positiva.

O conceito, é na verdade antigo, mas infelizmente pouco aplicado. Quem nunca ouviu os ditados "É dando que se recebe" ou ainda "Gentileza gera gentileza"? Pois bem, nada mais simples do que isso. Ao longo dos últimos anos, pude observar o quanto as pessoas faziam por mim, pelo simples fato de eu tê-las tratado bem e com respeito.

Sabe aquela vizinha, uma senhora aposentada e viúva que mora sozinha logo ao lado? Experimente começar a tratá-la verdadeiramente melhor. Seja mais gentil do que o habitual. Além de cumprimentá-la com um belo sorriso no rosto e dizer palavras simples como: Bom dia, boa tarde e boa noite, experimente fazer algum elogio esporadicamente.

Experimente também oferecer uma ajuda, como uma carona até o mercado ou simplesmente uma ajuda para subir as compras, por exemplo.

Não tenha dúvidas, em poucos dias sua campainha irá tocar e, ao abrir a porta, você terá uma grata surpresa. A simpática senhora, estará também com um belo sorriso no rosto e um prato na mão, contente em poder lhe oferecer uma fatia do bolo de cenoura que acabara de sair do forno.

Sabe por quê? Pelo simples motivo dela querer retribuir suas gentis e agradáveis ações.

Este é um excelente exercício para líderes natos eliminarem seu lado negativo da liderança. Pratique diariamente a gentileza no seu dia a dia. Quer chegar ao ponto de obter excelência na Liderança Positiva? Então pratique a gentileza à exaustão. Pratique até chegar a um ponto onde este comportamento seja praticamente o seu único comportamento aceitável para si. Onde qualquer outra forma de tratar uma outra pessoa lhe cause estranheza. Se chegar a este ponto, posso lhe afirmar que você estará muito próximo de se tornar um líder positivo por definição.

Agora vamos levar este conceito para o ambiente de trabalho. O primeiro passo para se tornar um líder positivo é tratar a todos com respeito. Pois é, infelizmente nem todos os ambientes de trabalho são assim, mas o seu será. Ele deve ser.

Ao se levar a gentileza para o ambiente de trabalho, você está, de certa forma, controlando o ambiente. Como já vimos, quem controla, executa uma ação e sabe o resultado a ser esperado. Neste caso, ao controlar a gentileza de um ambiente de trabalho, o resultado a ser esperado é a retribuição desta gentileza. Acredite, isto se torna uma reação em cadeia. Gentileza, gerando gentileza em um fluxo contínuo e interminável.

O grande resultado disso tudo, é que se torna infinitamente mais fácil liderar em um ambiente assim. Pessoas felizes, tendem a ser solidárias. Você já reparou, que quando alguém fica muito feliz repentinamente, esta pessoa tem a tendência de presentear as outras ao seu redor?

Vou dar um exemplo.

Imagine alguém que acaba de receber uma grande notícia. Seja uma pessoa que acaba de descobrir que será pai pela primeira vez, ou ainda alguém que acaba de receber o tão esperado "Sim" da pessoa amada.

Não é difícil imaginar a cena desta pessoa recebendo esta notícia e, após alguns gritos e pulos de alegria, vê-la se virando para todas as pessoas ao seu redor e dizendo:

– Hoje estou muito feliz! Recebi uma grande notícia! Venham, vamos todos almoçar juntos, hoje é tudo por minha conta.

Percebam que nos exemplos que eu mencionei, em nenhum deles a boa notícia era o recebimento de uma quantia em dinheiro. O fato é que o estado de felicidade gera nas pessoas um desprendimento, um desejo de retribuir a todos que estiverem próximos, de certa forma, parte de sua própria felicidade.

Isto é ser humano, isto faz parte da maioria de nós. E pode ter certeza, se neste momento você pedir para que a

41

pessoa em estado de êxtase faça algo por você, provavelmente sua resposta será:

– Faço! Hoje eu faço tudo o que você quiser.

Logicamente, o estado de alegria eufórica é um extremo, mas este mesmo espírito solidário presente na euforia, permeia, em diferentes graus, todas as pessoas em estado de alegria e paz.

Por isso, só o fato de o ambiente de trabalho ser bom, ser alegre e ser leve, o torna automaticamente em um ambiente de trabalho muito mais solidário, muito mais fácil de ser liderado e, por consequência, muito mais produtivo.

Em uma equipe, solidariedade é fundamental para que todos atinjam o mesmo objetivo em sintonia. A solidariedade, faz com que um ajude ao outro e, dessa forma, evoluam juntos. Solidariedade gera união. Nada mais agregador para uma equipe que a união.

Por estas razões, a gentileza é o primeiro grande passo para se tornar um Líder Positivo.

5

Dois Ouvidos, uma Boca

Para poder exercer a liderança positiva em sua plenitude, é preciso que o líder possua diversas qualidades como suas principais características. Abordamos a gentiliza no capítulo anterior, uma vez que a vejo separada das demais qualidades. A gentileza deve ser uma obrigação de todo líder. Você não acha inacreditável que existam líderes que não possuem a gentileza como parte de sua forma de exercer influência? Bom, se você acha, você já tem a base necessária para ser um líder positivo. A gentileza é fundamental.

Mas não só de gentileza viverá um líder, afinal, ideal seria se todos na equipe fossem gentis, ou seja, não é só o fato de ser gentil que faz de você um líder. Um líder deve possuir uma série de características importantes para uma boa condução de sua equipe.

Uma das características essenciais de um bom líder é, sobretudo, possuir dois ouvidos e uma boca. Em outras palavras, um bom líder precisa ouvir muito mais do que falar.

Para saber delegar é preciso entender sua equipe e, para entender sua equipe, é preciso muita observação. É preciso tratar sua equipe de maneira diferente. Tratar a todos de maneira isonômica é um erro brutal para um líder. Tratar pessoas diferentes como sendo iguais é uma atitude altamente arriscada. As chances de se tornar um líder negativo, agindo dessa forma, são grandes. Nada pode ser tão desigual quanto tratar pessoas diferentes de maneira igual.

Mais do que acabar com a meritocracia, tratar pessoas diferentes de maneira igual leva à desmotivação. E sabe o que é pior do que um profissional competente desmotivado? Um profissional incompetente motivado. A motivação é, muitas vezes, mais importante do que a própria competência. Motivar e manter motivada sua equipe, faz parte do seu trabalho como líder, por esta razão, é necessário saber tratar seus liderados de maneira diferente, para assim, aflorar o que há de mais forte em cada um dos membros de sua equipe.

Repare que este conceito não é novo, para se ter uma ideia, Aristóteles em Ética a Nicômaco, sua principal obra sobre ética, deixa claro que, quando pessoas iguais recebem quinhões desiguais, ou quando pessoas desiguais recebem quinhões iguais, é quando surgem as primeiras queixas e reclamações. Note que estou falando de uma obra escrita por volta do ano 340 a.C. Não é surpreendente saber que conceitos tão antigos ainda hoje não são aplicados?

A gestão de pessoas deve ser customizada, deve ser pontual. Cada membro de sua equipe é único em estilo, capacidade, potencial, aplicação e expectativas. Ter esta percepção e saber enquadrar cada um em seu lugar, leva tempo e, sobretudo, engajamento do líder. Por isso que reforço a ideia de que um bom líder positivo deve ter dois ouvidos e uma boca.

Há inúmeros cursos de oratória. Cursos que lhe ensinam a se expressar melhor, a falar em público, a não se retrair diante de uma grande plateia, mas na verdade, o que falta no mercado são cursos de "ouvidatória". Um líder positivo deve aprender a ouvir.

O pensador indiano Maharishi Mahesh Yogi, foi o fundador da meditação transcendental e, como não poderia ser diferente, ele sempre valorizou o fato de escutar mais do que falar. Mahesh tem uma frase que me agrada muito como líder. "Seu primeiro idioma é o silêncio, seja fluente nele" disse ele na segunda metade do século XX. Uma frase que faz alusão aos primeiros anos de vida de uma pessoa, onde o desconhecimento é total e onde tudo é novidade e aprendizado. Que nos remete ao tempo onde nem nossa mais longínqua memória é capaz de alcançar, mas que todos nós éramos carecas (ou quase todos) de saber que nada sabíamos. Esta frase nos serve, não só para o nascimento de uma pessoa, mas também para o nascimento de um grande líder positivo. Pratique o silêncio para aprender mais sobre sua equipe. A sabedoria passa pelo aprendizado. Inclusive, o aprendizado sobre si próprio.

Para poder escutar com clareza os anseios e ambições, os pontos fracos e fortes, as facilidades e dificuldades, as amizades e inimizades de sua equipe, é preciso ter bom relacionamento com todos. Lembre-se, um bom gestor de pessoas não espera que sua equipe se adeque a ele. Um bom gestor de pessoas faz gestão customizada. Para se aproximar de sua equipe, é preciso que você quebre barreiras. É preciso que você se adeque a cada um.

Nos meus anos como gestor, aprendi que um bom relacionamento com sua equipe passa diretamente por um conhecimento e envolvimento pessoal e individual. Procure entender e aprender mais sobre sua equipe. O que pensam, o que gostam de fazer nos momentos de lazer, se possuem filhos, quais são suas ambições, enfim, quanto mais você souber de sua equipe, mais você conseguirá entender as particularidades de cada um e, assim, saberá distribuir melhor seus quinhões.

A abordagem interpessoal, demonstra a seu liderado uma preocupação de sua parte além do trabalho. Demonstra que você realmente se importa com ele. Tenha certeza de que isto não soa falso. Isto de fato não é falso. Quando você conhece seu liderado além do trabalho, lhe permite, por muitas vezes, detectar com antecedência uma queda de rendimento ou uma insatisfação com uma situação, que você, na maioria das vezes, tem o poder de mudar. Nunca se esqueça de que liderar é estar no controle para agir, sabendo o resultado que se espera e reagir tão logo o resultado esperado não seja alcançado.

Além de conhecer melhor as reações de seus liderados, uma abordagem com envolvimento interpessoal abre portas para um bom relacionamento no trabalho. Quando você aborda um liderado o questionando:

— Bom dia, Paula, como está seu filho? Foi bem no exame de matemática que tanto lhe preocupava?

Ou ainda:

— Bom dia, Carlos, como foi a pescaria neste final de semana? O mar estava para peixe?

Reparem que estas abordagens trazem seus liderados próximos a você, estes hábitos geram, com o tempo, um nível de confiança que fará toda diferença em um momento crítico de tomada de decisões. A confiança dos membros de uma equipe para com seu líder é um fator importantíssimo dentro de uma equipe vencedora.

A confiança pode ser dividida em dois aspectos: pessoal e profissional.

A confiança pessoal, é aquela cujo liderado tem pelo seu líder no que diz respeito a, como o próprio nome diz, aspectos pessoais. Quando um liderado aborda seu líder para solicitar que possa sair 2 horas mais cedo no dia seguinte para levar seu filho ao médico, sem que para isso ele precise ensaiar sua fala por 15 vezes, sem que para isso ele precise ir tremendo, ou ainda perca a noite de sono anterior por conta da ansiedade, isso significa que seu liderado possui confiança pessoal em seu líder.

Perceba que a diferença entre possuir confiança pessoal ou não possuir, pode ser crucial para o bom andamento e para o engajamento de sua equipe.

No exemplo citado, imaginemos que o líder dê uma resposta negativa à solicitação. Para o liderado que possui confiança pessoal em seu líder, muito embora ele possa ficar frustrado por não conseguir o que pleiteava, provavelmente ele compreenderá a posição de seu líder e manterá seu nível de engajamento e produção. Caso contrário, se o liderado que ouviu sua solicitação ser negada, não possuir confiança pessoal em seu líder, este, muito provavelmente, ficará internamente se questionando sobre a decisão tomada e isso, claro, afetará diretamente sua motivação e produção. Isto se esta pessoa não for um líder nato. Neste caso pode ser ainda pior. Se seu liderado for um líder nato, são grandes as chances desta pessoa não ficar se questionando apenas internamente. Possivelmente, seu espírito de liderança fará com que ele exponha a situação à toda equipe e, claro, apenas com seu ponto de vista, que já a esta altura, está cheio de argumentos para expor seu líder como alguém desumano, que não compreende as necessidades pessoais dos funcionários, que só visa o resultado e muitos outros argumentos que desmotivarão e influenciarão negativamente, não mais somente a ele próprio, mas que afetará sua equipe como um todo.

A confiança profissional, é aquela cujo liderado tem pelo seu líder em tudo que diz respeito ao bom andamento do trabalho. Se um liderado questiona frequentemente as decisões de seu líder, isto demonstra claramente que ele não confia em suas decisões. A falta de confiança profissional é extremamente desmotivadora. Quando um membro de uma equipe não sente confiança em seu líder, uma das principais reações é querer assumir a liderança. Esta atitude pode devastar sua equipe. Decisões são tomadas em momentos errados, ou ainda, más decisões são tomadas, o que leva a equipe a obter resultados completamente diferentes do que o planejado inicialmente. Um líder que não passa confiança profissional, dá a sensação à sua equipe de um GPS que mostra para virar à esquerda na tela, mas que o áudio diz para virar à direita. É possível confiar neste guia?

As abordagens, digamos, mais intimistas, como as demonstradas para se criar um envolvimento interpessoal, favorecem muito o aspecto da confiança pessoal. As técnicas que desenvolvi visaram sempre descer o líder do pedestal a ponto de humanizá-lo, em outras palavras, significa trazer o líder para dentro da equipe. Esta tarefa não é fácil. A maior dificuldade está justamente no conflito entre a confiança pessoal e a confiança profissional.

Quando um líder entra dentro da equipe, ele se torna mais um. É importante que isto aconteça. Um líder positivo deve ser parte integrante de sua equipe, mas é preciso entender os limites. Neste ponto é preciso treino e perseverança. Um líder deve, vez ou outra, subir no pedestal. Isto significa que é necessário que o líder seja próximo o suficiente para entender os problemas de sua equipe, mas distante o suficiente para motivá-la.

Um líder que está sempre dentro da equipe, além de mostrar seus pontos fracos e se expor, perdendo assim sua confiança profissional, perde sua autoridade com o tempo. Quando você pratica o afastamento periodicamente, você demonstra duas coisas:

Primeiro, que você confia na sua equipe a ponto de dar as diretrizes e partir. Isto é muito importante para a equipe se sentir reconhecida e autoconfiante.

Segundo, que em um momento de tomada de decisões mais importantes é você quem irá tomar as decisões. Um líder que nunca sobe no pedestal de vez em quando, tende a, com o tempo, dividir todas as suas responsabilidades, incluindo, o controle.

Conheça sua equipe. Seja fluente no silêncio. Faça uma análise individual para, posteriormente, fazer uma gestão customizada. Aproxime-se de sua equipe, mas saiba distanciar-se para garantir sua autoridade. Demonstre e passe confiança. Motive e tenha o controle.

Me dê Motivos

Por qual razão você é um líder? Por que você quer ser um líder positivo? Qual a finalidade de alguém querer seguir seus passos ou instruções? Qual o sentido das ações que você propõe para que sejam seguidas. Quais são os motivos?

Para tudo se há um motivo. A definição de motivo, segundo o dicionário é: Aquilo que nos leva a fazer algo, ou justifica o nosso comportamento; explicação, justificativa.

A justificação para nossas atitudes, pensamentos e desejos, são os motivos pelos quais nós somos quem somos, fazemos o que fazemos e desejamos o que desejamos. É o que nos motiva.

A motivação é para mim o principal combustível de uma equipe vencedora. Eu costumo dizer que quem está desmotivado, motivado também está. Quando uma pessoa diz estar sem motivação, na realidade, significa dizer, que ela possui mais motivos para não se fazer o que é preciso ser feito, do que o contrário, ou seja, ela está motivada a mudar de planos.

Um líder positivo, deve ser, acima de tudo, um grande motivador para seus projetos.

Quem pensa que motivar é esbravejar pela manhã...
– Vamos lá pessoal! É preciso bater a meta do mês!
... está completamente enganado. Motivar, é na sua essência, promover a maior quantidade de motivos para que seus passos ou instruções sejam seguidos. Motivação é o que motiva a ação. É a razão pela qual você corre atrás de seu objetivo.

Tendo em vista que os membros da equipe devem ser o foco de seu líder, fazer a boa leitura do que os move se torna essencial para determinar as melhores práticas de motivação. O líder que melhor conhecer individualmente seus liderados, será aquele mais capacitado a fazer essa leitura. A motivação isonômica, ou seja, aquela direcionada à toda equipe de maneira igual, além de preguiçosa é altamente ineficaz. Quando um líder estabelece uma meta e, ao atingir esta meta, recompensa sua equipe com um bônus salarial, ele está na verdade, assumindo que toda a sua equipe se sente motivada pelo mesmo bônus. Um grande erro.

O que nos motiva é absolutamente individual. Há aqueles que fazem regime para se sentirem mais adequados a um padrão estético estabelecido pela sociedade em que vivem. Já outros, fazem regime para melhorar a saúde, baixar o colesterol e diminuir os riscos de infarto. Notem que ambos aderiram ao regime, porém com motivações completamente diferentes. Aquele que busca simplesmente o lado estético, provavelmente possa até vir a fazer um regime que piore sua saúde, sem se importar muito com isso. A motivação não deve ser aquela velha imagem de uma vara de pescar presa às costas com uma cenoura pendurada na frente do rosto, para que o sujeito corra atrás da cenoura sem jamais alcançá-la. Lembre-se, há quem não goste de cenoura.

Entenda sua equipe. Procure descobrir o que verdadeiramente os motiva. Este é mais um bom exemplo da importância de um bom relacionamento interpessoal com seus liderados.

Se lembra da regra da retribuição? Funciona também para a motivação. Por muitas vezes, minha equipe se sentiu motivada por um reconhecimento recebido anteriormente.

Em uma ocasião, estabeleci um objetivo a ser cumprido até o final do dia. Por algumas razões, minha equipe conseguiu cumprir o objetivo na hora do almoço. Não pensei duas vezes e liberei todo o grupo. Puderam todos ir para casa, para o cinema, pegar os filhos mais cedo na creche, passear em um parque, enfim, dei a todos a chance de escolher sua própria recompensa, fora do trabalho, sem que esperassem por isso. Eu tinha duas escolhas: A primeira opção era liberar todos da equipe mais cedo e pagar integralmente o restante do dia, como o fiz, já a segunda opção, era aproveitar que, uma vez que concluíram o objetivo mais cedo, poderíamos iniciar a trabalhar no próximo objetivo, ganhando assim, meio-dia de avanço.

Não há uma pesquisa concreta sobre isso, mas acredito que em 99% das organizações, a segunda opção seria a escolhida. Eu poderia também ter escolhido a segunda opção, mas a primeira opção, deu à equipe uma motivação extra para vários outros projetos que vieram posteriormente e, pude assim, vivenciar essa experiência que me provou, mais uma vez, o quanto a retribuição tem força. O que vi, foi minha equipe inteira se doando muito mais nos projetos subsequentes. Todos querendo, de certa forma, retribuir aquilo que eu havia feito por eles. Eu chamo esse tipo de motivação, de Bonificação Recíproca.

Claro que todas as ações como essa devem ser avaliadas e é você quem deverá tomar a decisão de quando e como aplicá-las, mas as práticas de reconhecimento e bonificações surpresa, devem estar presentes na sua maneira de liderar. Quando um colaborador recebe uma gratificação inesperada, a motivação para o próximo projeto é muito maior do que seria a motivação para o primeiro projeto que o gratificou, caso ele soubesse que haveria um bônus no final. Se possível, repita ações desse tipo com uma certa frequência, mas cuidado, não com intervalos de tempo tão longos a ponto de cair no esquecimento, nem com intervalos de tempo tão curtos a ponto de perderem o seu efeito motivador. Achar este meio termo vai levar um certo tempo, por isso, enquanto você estiver buscando esta adequação, opte sempre por pecar pelo excesso. Se você estiver na dúvida entre dar uma bonificação surpresa ou aguardar um pouco mais, escolha sempre por aguardar um pouco mais. Digo isto por dois principais motivos. O primeiro, é devido ao fato de o principal componente deste tipo de reconhecimento ser, justamente, o fator surpresa. A segunda razão, é que os efeitos maléficos da bonificação excessiva são terríveis. Quando isto ocorre, as bonificações passam a ser uma obrigação e, ao não receber, o liderado tende a se desmotivar, causando o efeito contrário ao esperado.

Não é difícil encontrar um exemplo claro disso no esporte. No futebol, por exemplo, os clubes pagam um bônus aos jogadores após uma vitória, o chamado "bicho". E não estou me referindo apenas a uma vitória na final do campeonato, mas sim, por qualquer vitória. Esta prática comum, foi criada com o intuito de motivar os jogadores para que se dedicassem um pouco mais em busca da vitória. No início, o famoso "bicho" era pago apenas em jogos importantes, como as finais ou em clássicos contra o arquirrival, mas com o passar do tempo, foi se percebendo que todo jogo era importante e, o "bicho", passou a ser pago com mais frequência. Hoje em dia, os clubes se viram obrigados a pagar o "bicho" em todos os jogos. Agora você acha que os jogadores se sentem mais motivados por isso? A resposta é simples. Não, afinal, essa bonificação já faz parte da rotina. Mas experimente não pagar para ver. Bom, aí surge o efeito contrário, a desmotivação. Por isso, avalie bem o método de bonificação que você irá aplicar.

Bonificações, são sim boas maneiras de se motivar, mas como vimos, ela se torna ainda mais eficaz, se dada de maneira individual e personalizada.

Você já parou para se perguntar por que as pessoas gastam tempo e dinheiro para dar presentes às outras, ao invés de simplesmente poupar seu tempo e dar diretamente o dinheiro? Isto ocorre pelo simples fato de que, ao se presentear alguém, você demonstra que pensou e se preocupou em agradar esta pessoa com algo que você imagina que ela irá gostar. Dar simplesmente o dinheiro, demonstra que você não se preocupou tanto assim e que, praticamente, você se sentiu na obrigação de dar algum presente.

O mesmo ocorre com bonificações. Obviamente, é praticamente impossível presentear individualmente um grupo de 500 vendedores que bateram suas metas. Mas caso você seja um pequeno empresário ou gestor de um pequeno grupo e deseje ser um excelente líder positivo para os seus 20 colaboradores, esteja certo de que eles irão preferir muito mais ganhar um par de ingressos para assistir a um show de sua banda preferida, ou ainda um par de ingressos para ver de perto seu time do coração na semifinal do estadual, do que o valor similar em dinheiro. Acredite, eles irão assistir ao evento ao lado da pessoa escolhida e, em todo o tempo, eles estarão gratos por sua empresa ter proporcionado este momento. Consegue imaginar o seu humor e motivação ao chegar ao trabalho na segunda-feira pela manhã? Tenha certeza de que será muito melhor e mais produtivo do que se seu colaborador tivesse gasto a quantia similar, recebida como bônus, no mercado no sábado à tarde.

Apesar das bonificações personalizadas serem muito eficazes, é certo que a maioria dos líderes não possui o poder nem de dar e, muito menos, de escolher qual tipo de bonificação será dada aos seus liderados. Líderes dentro de empresas, devem, na maioria das vezes, respeitar a política de bônus da empresa. Isto claro, quando há uma política de bônus implantada.

A motivação, não necessariamente, envolve uma recompensa pós objetivo. Pode ter certeza, só o fato de sua equipe possuir um líder positivo, já os motiva. Sentir-se reconhecido, respeitado e valorizado, são excelentes fontes de motivação. O bem-estar e o bom ambiente no trabalho, também são excelentes fatores que favorecem a motivação. A maioria das empresas trabalham sob tanta pressão, que quando um funcionário se depara com um líder positivo, isso acaba lhe despertando uma motivação extra, apenas pelo fato de querer provar que é possível se trabalhar com menos pressão e em um ambiente mais agradável e, ainda assim, ser extremamente produtivo.

É muito importante manter sempre a motivação em alta. Nunca se esqueça de que seu papel como líder, é favorecer a motivação e mantê-la. Muitos líderes conseguem motivar inicialmente sua equipe, mas têm dificuldades em manter a chama da motivação acesa. Isto ocorre principalmente em projetos longos, onde, no início, a facilidade em motivar é grande, uma vez que vislumbrar os futuros resultados, dá um bom gás inicial à equipe, mas conforme os dias vão passando, as dificuldades, os contratempos do projeto vão surgindo, ocorre naturalmente uma perda da motivação, o que é extremamente negativo, tendo em vista, que é justamente quando os prazos se aproximam, que você precisa da sua equipe ainda mais motivada.

Feedbacks não são tão eficientes no favorecimento da motivação, mas são excelentes para manter a motivação previamente alcançada.

Não se pode melhorar aquilo que não se pode medir.

Quando você dá um bom feedback a um membro de sua equipe, você está de certa forma, medindo sua participação segundo aquilo que você havia planejado anteriormente.

Use o feedback como uma ferramenta de precisão. Este recurso é excelente quando utilizado de maneira correta. Os feedbacks positivos, devem ser apresentados sempre mostrando ainda uma perspectiva de melhora. Ninguém é tão bom que não possa ainda melhorar. O inverso, também é, infelizmente, verdadeiro. Ninguém é tão ruim que não possa ainda piorar. Por isso, os feedbacks negativos, devem buscar compreender as razões pelas quais os resultados estão aquém dos planejados e, além disso, você deve apresentar o caminho da melhoria. Apenas criticar, não motiva, muito pelo contrário, baixa a autoestima e diminui o engajamento, mas quando você apresenta uma crítica a seu liderado, demonstrando compreender os motivos que o levaram ao baixo rendimento e, ao mesmo tempo, demonstrando os pontos que você espera que ele melhore e dando alguns exemplos de como ele pode fazer isso, esteja certo de que ele apreciará seu líder e fará o possível para ser satisfatório.

Feedbacks favorecem também a comunicação. Este é um fator primordial para se manter o controle de sua equipe. Uma boa comunicação, demonstra para a equipe que seu líder sabe onde estamos e, principalmente, para onde estamos indo. Uma equipe que sente seu líder "perdido", se desmotiva quase que instantaneamente. Estabelecer uma boa comunicação, passa sobretudo, por uma abordagem das perspectivas de futuro. Quando um líder se comunica com sua equipe, ele tem quase que a obrigação de demonstrar, da forma mais positiva possível, o que vem pela frente. Muitas vezes, um colaborador se ocupa de uma pequena parcela de um projeto, mas não sabe realmente o tamanho do impacto do seu trabalho no projeto como um todo. Ao se ter uma visão geral das coisas, este colaborador tende a motivar-se ainda mais para ver a realização do projeto como um todo.

Como eu fiz questão de salientar, o líder deve passar o que vem pela frente da forma mais positiva possível. Seria uma verdadeira contradição querer ser um líder positivo sendo pessimista.

Mesmo tendo em vista uma crise, demonstre-a como uma ótima oportunidade de crescerem e se destacarem em um período difícil que se anuncia. Mostre para sua equipe, o quanto o engajamento de todos tem força para reverter esse quadro.

Nada é tão desmotivador, quanto um líder desmotivado.

Motivar a si mesmo, é uma das tarefas mais difíceis para um líder positivo durante um período de dificuldades. E não duvide, as dificuldades estarão lá, quase que diariamente martelando os seus pensamentos. As dificuldades podem surgir no próprio ambiente de trabalho, ou ainda fora dele. Ninguém está imune a ter problemas pessoais afetando seu lado profissional. Nem um líder positivo está.

Problemas com a família, no casamento, com os filhos, problemas financeiros e problemas de saúde, são só alguns exemplos de fatores externos ao trabalho que podem afetar sua automotivação. Isso, claro, sem contar os próprios problemas relacionados ao trabalho em si. Muitas vezes, a automotivação se torna, praticamente, como nadar contra a maré.

Levante e sacuda a poeira! Um líder positivo deve ultrapassar todos os dias as barreiras dos pensamentos limitantes.

Pensamentos limitantes são todos os pensamentos que te bloqueiam. Seja por medo, crenças, traumas ou qualquer outro motivo, o pensamento limitante é aquele que tira de você a capacidade de ir além, de quebrar barreiras, de quebrar paradigmas. Tira de você toda sua capacidade de ousar. Infelizmente, ser um líder positivo nos dias de hoje, implica, necessariamente, em ser ousado, afinal, ainda somos minoria.

Para ultrapassar a barreira dos pensamentos limitantes, você deve vencer seu medo. Quando minha irmã ainda cursava psicologia, eu, à época ainda um jovem adolescente, a ajudava em casa a se preparar para as provas da faculdade, fazendo uma chamada oral de algumas questões, dentre várias, que ela havia previamente preparado durante seus estudos. Minha irmã talvez acreditasse que somente ela estivesse sendo ajudada, mas a bem da verdade é que enquanto ela fixava seus aprendizados, eu acabava aprendendo bastante também. Me lembro que em uma daquelas tardes de chamada oral, o tema era traumas psicológicos. Aquele dia ficou tão gravado em minha memória que me lembro da definição de trauma psicológico: "Um tipo de dano emocional que ocorre como resultado de um algum acontecimento. Pressupõe uma experiência de dor e sofrimento emocional ou físico. Como experiência dolorosa que é, o trauma acarreta uma exacerbação do medo, o que pode conduzir ao estresse, envolvendo mudanças físicas no cérebro e afetando o comportamento e o pensamento da pessoa, que fará de tudo para evitar reviver o evento que lhe traumatizou". Algo foi determinante para que, aquela tarde especificamente, se tornasse mais inesquecível do que as outras. Foi o momento em que aprendi qual era a melhor forma de vencer nossos próprios traumas e medos. Encarando-os!

Aquela foi uma lição que levei e carregarei para a vida toda. Depois daquele dia, sempre que o medo se colocou como um pensamento limitante diante de mim, eu respirei fundo e falei interiormente para mim mesmo:

– Está com medo? Vá com medo mesmo!

Dessa forma, comecei a encarar todos eles. Tinha medo de altura, buscava ir a lugares altos. Confesso que tremendo, mas lá estava eu. Uma vez, duas vezes, três vezes... até me sentir confortável. Lugares muito altos ainda não são meus refúgios de paz, mas já consigo subir sem que meu pensamento limitante fique me dizendo a todo tempo que eu vou cair. Eu também tinha muito medo de falar em público. Imaginem. Algo que provoca um pensamento totalmente limitante para alguém que busca ser um líder. Este foi talvez o medo que encarei mais de frente. Mudei de profissão e fui ser professor. A empresa em que eu trabalhava abriu um concurso interno para o departamento de treinamento. No dia do meu teste, não tive outra alternativa, tomei meio calmante e lá fui eu encarar meu medo de cima para baixo. Passei para a única vaga disponível. Não tive escolha, fui obrigado a vencer meu maior medo. Durante 3 anos, me vi em pé, dentro de uma sala de aula, falando para 30 pessoas diferentes todos os dias.

Por isso, vou repetir com propriedade. Para ultrapassar a barreira dos seus pensamentos limitantes, você deve vencer seus medos.

O medo, é sem dúvidas, o maior inimigo da automotivação. Principalmente para alguém que quer ser diferente. Alguém que quer ser um líder que dá mais liberdade ao invés de prender. Alguém que quer convencer ao invés de mandar. Alguém que quer ser inspirador. Alguém que quer ser de fato, um líder positivo.

O medo, será provavelmente, seu maior inimigo no início da sua caminhada como líder positivo. Este estilo leve e solto de liderar, gera muitas desconfianças de seus colegas e até de seus próprios liderados. Como a expectativa é grande em torno da sua forma de fazer gestão, haverá sempre alguém que estará apenas aguardando pelo seu primeiro resultado negativo para lhe criticar e justificar seu próprio modus operandi ultrapassado e opressor como único que funciona.

Não desanime! Não perca sua motivação! Resultados ruins, irão acontecer. Mas isso é inerente ao cargo de gestor. Independe da sua forma de liderar, os resultados negativos acontecem vez ou outra. O problema é que quando eles vêm no início do seu processo como líder positivo, causam a falsa impressão de que o resultado negativo é fruto apenas da sua maneira de liderar.

Persista! Vença seus medos e acredite nos seus ideais. Um líder positivo, só estará 100% motivado a ser um líder positivo, se acima de tudo, ele acreditar em si e nos seus projetos.

Desacelere! Recomece uma, duas, três... quantas vezes forem necessárias. Muitas vezes um ritmo acelerado não é sinônimo de motivação. Acelere no seu ritmo. Um líder positivo é aquele que respeita os membros de sua equipe. Como você faz parte da sua equipe, comece respeitando a si mesmo.

Leve

Leve, Não Leviano

A leveza no ambiente de trabalho pode ser facilmente confundida com uma falta de seriedade ou, ainda pior, uma falta de comprometimento. Na realidade, promover a leveza no ambiente de trabalho, em nada se aproxima da irresponsabilidade ou imprudência. Criar um ambiente leve é, essencialmente, retirar o peso que normalmente vem associado às responsabilidades. Em grande parte das empresas, quanto mais responsabilidades possui um departamento, mais pesado é o ambiente. Isto causa uma falsa impressão de que a responsabilidade é pesada. Não, a responsabilidade não é um fardo. Se você pretende ser um líder positivo e acredita que a responsabilidade seja um fardo, já está na hora de começar a mudar seus conceitos.

Independentemente de sua preferência, seja ela pela célebre frase de 1851: "Com grandes poderes vêm grandes responsabilidades", dita por Augusto Comte, fundador do positivismo, que ficaria ainda mais famosa em 1962 na primeira história de Homem Aranha, escrita por Stan Lee, ou pela frase ainda mais conhecida: "E a qualquer que muito for dado, muito se lhe pedirá, e ao que muito se lhe confiou, muito mais se lhe pedirá" (Lucas 12:48) no Novo Testamento da Bíblia Sagrada, o fato é que não há para onde se esquivar, a responsabilidade será cobrada daquele que à frente estiver, no caso, o líder.

Uma vez que aceitamos que a responsabilidade faz parte integral da função de um líder, cabe-nos agora desconstruir a expressão embutida por anos no nosso subconsciente: "O peso da responsabilidade".

Por quantas vezes na sua vida você já ouviu esta expressão? Por certo, inúmeras. Certamente também, você já ouviu que: "Uma mentira contada mais de mil vezes se torna realidade". É este o caso. Estamos tão acostumados com a ideia do "Peso da responsabilidade" que se torna difícil admitir a si próprio que a responsabilidade pode ser leve. Pois saiba que não só pode como deve ser. Se lembra da ideia apresentada no início deste livro de que um líder, por pior que seja, será seguido? Pois bem, ao aceitar passivamente a ideia de que a responsabilidade é pesada, você está, automaticamente, transferindo este peso aos seus liderados.

Aprendi com minhas próprias experiências, que a responsabilidade só se torna pesada, quando ela foge da sua capacidade. Em outras palavras, se você está no controle como se deve estar, a responsabilidade se torna leve. Quando se entrega o objetivo previamente traçado dentro do prazo estipulado, a responsabilidade se torna prazerosa, porém, quando o alcance do objetivo se torna improvável dentro do prazo, ou mesmo impossível de se atingir, de dois erros você cometeu ao menos um: Ou o planejamento foi mal-feito, ou a execução não foi realizada como deveria. Neste caso, a responsabilidade começa a pesar. Erros de planejamento ou de execução são tão comuns, que dedicarei mais tempo para tratar do assunto em um outro capítulo mais adiante.

Um ambiente de trabalho pesado não é somente causado pelo "peso da responsabilidade" de seu líder, além disso, vários outros fatores podem influenciar um ambiente de trabalho hostil. Intrigas, fofocas, desmotivação, diferenças salariais, pressão desnecessária, incompetência, condições de trabalho inapropriadas, competição interna excessiva, são apenas alguns dos inúmeros exemplos que eu poderia citar aqui.

O problema é que na maioria das empresas, as pessoas se acostumam com este ambiente. De acordo com o livro Ambientes de trabalho tóxicos, dos escritores Mitchell Kusy e Elizabeth L. Holloway, aproximadamente 50% dos profissionais que atuam em um ambiente profissional pesado consideram que perdem parte do seu tempo pensando no problema. Isto é gravíssimo. Aceitar a condição estressante como algo normal, afinal, há quem diz que o estresse faz parte do trabalho, é o sintoma mais claro do fracasso na gestão positiva. Posso afirmar que já trabalhei em ambientes onde o estresse, pasmem, era provocado propositadamente pois assim, acreditavam os gestores, os funcionários se mantinham "ligados e alertas". Não! Não posso aceitar a ideia de que um indivíduo saia de sua casa para passar nervoso no trabalho e depois volte para sua casa para interagir com sua família e se preparar para o dia seguinte onde, mais uma vez, ele sairá de casa já sabendo o caos que lhe espera no trabalho. Esta, definitivamente, não é a vida que quero ter e, tampouco, a sociedade onde quero viver.

É justamente daí que surgiu o termo "ambiente de trabalho tóxico". Tóxico se refere àquilo que produz efeitos nocivos no organismo. Um ambiente tóxico, tem um efeito duradouro. Não se restringe somente ao trabalho. As consequências são vistas diariamente no dia a dia das pessoas. Pessoas que trabalham em ambientes pesados, têm menos paciência no trânsito, têm dificuldades com relacionamentos e podem desenvolver doenças graves.

Dentre as principais doenças causadas pelo ambiente de trabalho pesado, estão:

Síndrome de Burnout. Em linhas gerais, a síndrome de Burnout acontece quando uma pessoa não consegue mais exercer suas funções ou simplesmente encarar sua rotina. Isso acontece devido a um esgotamento generalizado, tanto físico quanto mental.

Síndrome do pânico. Que se caracteriza por ser uma consequência do estresse que provoca crises de pavor e desespero. Durante sua ocorrência, os acometidos por esta síndrome acreditam que vão morrer sem nenhum motivo aparente. Isso acaba por impedi-los, inclusive, de sair de casa.

Queda de imunidade. Acontece quando o sistema imunológico de uma pessoa fica mais frágil devido aos altos níveis de cortisol liberados pelo estresse. Assim sendo, o organismo fica mais exposto a doenças infecciosas, como gripes, resfriados, infecções de garganta, entre outras.

Creio que já ficou claro que os malefícios provocados pelo estresse na vida de um colaborador são gigantescos. Por esse motivo, é dever de um líder implementar medidas para eliminar o estresse no ambiente organizacional. Esta atitude contribui para prevenir as doenças citadas e melhorar o desempenho do colaborador, evitando, inclusive, que ele se ausente com frequência.

Para isso, é fundamental que os colaboradores tenham liberdade para comunicar e apontar aos seus líderes quais são os problemas que mais provocam estresse no trabalho. Nesse sentido, o líder pode, por exemplo, investir na realização de reuniões periódicas para se discutir o assunto com seus liderados.

Muitos colaboradores não se sentem à vontade para levar problemas para seus líderes, porém, esta condição tende a mudar quando uma reunião tem exatamente este objetivo, além disso, já vimos que apenas 50% dos colaboradores pensam sobre este problema, este dado só nos demonstra ainda mais a necessidade de tais reuniões a fim de promover um ambiente de trabalho mais leve.

Esta é uma forma de discutir e estimular o colaborador a prevenir o estresse, incentivando-o também a dar sua opinião sobre o que mais provoca tais situações. Com essas informações preciosas, você, como líder, pode implementar planos de ação para solucionar o problema.

Além destas medidas, a empresa deve investir na ajuda de profissionais da saúde do trabalho, os quais são habilitados para detectar situações de risco de doenças desenvolvidas pelo estresse e dar dicas para tornar o ambiente de trabalho um lugar de maior satisfação, motivação e qualidade de vida para os colaboradores.

Portanto, para evitar as doenças causadas por um ambiente de trabalho pesado e manter a saúde do seu colaborador em dia, torna-se indispensável criar estratégias para promover um ambiente mais leve. Dessa forma, a empresa contribui tanto para o profissional, que terá uma vida saudável dentro e fora da organização, quanto para o próprio negócio, que tem tudo para crescer e se destacar no mercado com a ajuda integral de seus colaboradores, isto sem contar, é claro, com um ambiente de trabalho muito mais fácil para um líder positivo exercer seu trabalho de forma mais eficaz.

Para que você obtenha sucesso em sua empreitada, aqui vão 7 dicas que lhe ajudarão muito a promover um ambiente mais leve:

1 – Eleve o nível de confiança entre os colaboradores;

2 – Demostre respeito;

3 – Assuma seus erros;

4 – Dê feedbacks positivo e negativo;

5 – Faça elogios;

6 – Seja otimista;

7 – Mantenha um clima agradável e descontraído;

Não se esqueça, um líder está sempre no controle.

8

Saber Dizer Não

Um grande obstáculo que pode surgir durante o processo evolutivo de um líder positivo é justamente a capacidade, ou incapacidade, de dizer não.

Líderes que não têm por natureza a liderança positiva, costumam com frequência vivenciar o efeito pêndulo durante a fase de treinamento. Líderes que têm a tendência de serem mais duros, de pouco diálogo, ou até mesmo, mais agressivos, ao se submeterem ao treinamento de liderança positiva, podem com frequência caminhar por dois trajetos distintos.

O primeiro deles se aplica àqueles que foram obrigados a participar do treinamento. É o caminho da descrença e rejeição. Este, com o tempo, tende a relaxar e a aceitar mais as ideias propostas, uma vez que podemos demonstrar com clareza as vantagens da liderança positiva face as desvantagens de uma liderança negativa

Já o segundo caminho, se aplica aos que têm sede de mudança. Àqueles que veem a necessidade de se atualizar e de melhorar a qualidade de vida no trabalho, que querem realmente se tornar líderes positivos, mesmo agindo contra sua, digamos, natureza.

Para este segundo grupo, o efeito pêndulo, como mencionado, é bastante comum. Efeito pêndulo, significa dizer em outras palavras, que tudo que está em um extremo, ao se soltar para buscar uma posição mais ao centro, tende a passar direto pelo centro e ir, quase que até o extremo oposto, antes de voltar para o centro. No caso de líderes negativos, ou seja, líderes mais agressivos, duros, de pouco diálogo e aqueles que são os donos da verdade, ao procurarem, por livre e espontânea vontade, buscar ser um líder positivo, é comum vermos o pêndulo passando direto pelo centro e indo ao extremo do líder que, muito carinhosamente, apelidei de Líder Banana.

O Líder Banana é aquele que tudo deixa, tudo aceita, tudo concorda e que, com extrema dificuldade diz "Não". É impressionante como alguém que até semana passada era um líder tão amedrontador, agora passou a ser um "banana". Pois é exatamente o que acontece.

Parece fácil dizer "Não". Mas muito se engana aquele que pensa que saber dosar o Sim e o Não é tarefa fácil.

Para muitos, saber dizer "Não" requer treinamento e persistência. Se este for seu caso, invista eu tempo nisso, caso contrário, as chances de o Líder Positivo ser visto como um Líder Banana são grandes.

Para dosar bem a medida entre o "Sim" e o "Não", vou destacar algumas das principais técnicas.

Estabeleça prioridades. Ter objetivos comuns, trabalhar pensando coletivamente e pensar nas outras pessoas é importante. Porém, é muito importante priorizar suas próprias demandas e não se sacrificar por tarefas que, na realidade, não são suas. Aprenda a não comprometer a sua agenda por conta de demandas de seus liderados. Saber delegar, passa por saber a hora certa de dizer "Não".

Seja honesto e educado. Quando precisar dizer "Não" para alguém, procure sempre ser honesto e evitar falar de maneira ríspida e grosseira. Evite inventar desculpas e seja o mais transparente possível. A transparência, eu diria, é a principal ferramenta para lhe ajudar a dizer "Não". Expor os verdadeiros motivos do seu "Não", facilitam a compreensão e, consequentemente, facilitam também seu próprio sentimento com sua negação.

Barre a necessidade de agradar por agradar. Quando sentimos medo do que as outras pessoas vão pensar, acabamos nos aprisionando. É muito importante barrar esta tendência e perceber que não vale a pena ficar dependente dos pensamentos alheios. A lição de ouro é que o líder está sempre no controle. Um líder que tem de fato o controle situacional, não pode, em hipótese alguma, ser escravo de pensamentos e julgamentos de seus liderados.

Cuide de você. Você anda se tratando bem? Ou será que se preocupa tanto com as outras pessoas que acaba esquecendo de você? É importante que você pare por um momento e reflita sobre isso. Passe a se dar a devida importância e cuide melhor de si mesmo. Lembre-se: até para auxiliar as pessoas com quem você convive você precisa estar bem com você mesmo.

Não se sinta culpado. O sentimento de culpa é um grande sabotador. É muito importante barrar esse sentimento quando você precisar dizer "Não". Nunca se esqueça que você tem todo direito em recusar algo que você julga desnecessário ou prejudicial para seus planos. Você não tem a obrigação de dizer "Sim" para tudo.

Se saber dizer "Não" é importante. Saber dizer "Sim" é igualmente importante. É fundamental desenvolver um equilíbrio e ter critério para não acabar pendendo sempre para o mesmo lado. Não deixe de exercitar sua empatia, altruísmo e seu senso de colaboração.

Desenvolva sua Inteligência Emocional. Entender suas emoções e como elas impactam no seu comportamento é extremamente importante para aprender a dizer "Não" e para reconhecer os momentos que é preciso ceder e dizer "Sim".

O Joio do Trigo

Na minha opinião, uma das atribuições mais difíceis de um gestor é, sem dúvida nenhuma, o desligamento de um colaborador. É bem verdade que alguns colaboradores não deveriam nem ser chamados assim, afinal, não colaboram tanto assim e, nestes casos, não há muito o que fazer.

Para um líder positivo, o ato de demitir pode ser ainda mais doloroso. Considerando que um líder positivo procura se envolver profundamente com os membros de sua equipe para, assim, melhor conhecê-los, é muito comum que este envolvimento seja tão grande, que os fatores pessoais da vida de um colaborador afetem, de certa forma, algumas de suas tomadas de decisões e, nestes casos, desligar um membro de sua equipe se torna uma grande tortura emocional.

Eu mesmo, vivi uma experiência que me marcou muito logo no início da minha empreitada como gestor e líder que, àquela época, ainda possuía um conceito não totalmente amadurecido sobre a liderança positiva, isso claro, para não dizer completamente verde.

Com apenas 4 meses no cargo de gestor e totalmente motivado a implementar meus novos conceitos, me vi obrigado e desligar um colaborador recém contratado e que ainda estava dentro do seu prazo de experiência. Efetuei diversas tentativas para melhorar seus pontos fracos, mas infelizmente, ele estava totalmente desmotivado e muito pouco, ou praticamente nada, progrediu no seu período probatório.

Enfim, evitarei muitos detalhes pois, mesmo não citando seu nome, continuo o respeitando. O fato é que durante seu período de experiência, eu procurei me aproximar bastante dele a fim de compreender de onde vinha tamanha desmotivação para um empregado recém contratado e que, portanto, deveria apresentar uma postura exatamente oposta. Neste processo de aproximação, ele acabou se abrindo para mim e me relatando diversos problemas pessoais incluindo problemas familiares e financeiros. Certamente, desligar um colaborador nestas condições é a última coisa que alguém deseja fazer, mas é preciso ter em mente que você é o líder de uma equipe e que alguém que gera desmotivação dentro de um grupo, ainda no período probatório, não pode dar nenhuma garantia de que será melhor no futuro.

Após todas minhas tentativas frustradas de melhorar a situação, resolvi pelo desligamento do colaborador. No dia que fui comunicá-lo, o cumprimentei e, mesmo antes que eu pudesse dizer qualquer coisa, ele me disse:

– Hoje não estou muito legal, minha mulher me traiu com meu melhor amigo, os surpreendi na minha casa. Aquela frase me desmoronou. Fiquei estático por 2 ou 3 segundos com aquelas palavras ecoando na minha cabeça e meus pensamentos não conseguiam se ordenar. Ainda sem conseguir me situar diante de tudo aquilo, prossegui com meu plano inicial e o chamei para uma conversa em meu escritório. Após explicar a situação e demonstrar a ele todos os esforços que foram feitos para evitar aquela situação, o desliguei. Eu acabava de colocar mais uma pá de terra na sua vida já repleta de problemas.

Aquela situação me deixou muito mal. Fiquei com aquele sentimento pesado durante toda a semana pensando em como aquele, agora ex-funcionário, poderia estar com todo esse turbilhão de coisas na sua vida. Minha equipe me abraçou e todos concordaram que eu fiz o que tinha que ser feito, mas aquela situação havia realmente mexido comigo.

Cheguei a rever meus conceitos para saber se eu deveria de fato me aproximar tanto dos meus liderados. Acabei chegando à conclusão que sim, se assim eles quisessem. Como já mencionado neste livro, a aproximação faz parte do processo de ganho de confiança. Se para que seus liderados tenham mais confiança pessoal em você, for necessária tamanha aproximação, que assim seja.

Após muito refletir sobre o ocorrido e sobre o tema de maneira geral, acabei me consolando e mudando a maneira como passei a encarar situações como essa.

Compreendi algo muito importante que quero que fique como lição a todos vocês, caros leitores, para que a leveza esteja presente no seu dia a dia mesmo diante das situações mais adversas.

Você possui as suas próprias responsabilidades que podem, basicamente, ser divididas em dois grupos distintos. As responsabilidades pessoais, dentre as quais se encontram, por exemplo, sua vida pessoal, sua família, suas contas e sua saúde. E suas reponsabilidades profissionais, onde estão seus estudos, sua carreira, suas ambições, dentre outras.

Estas responsabilidades são suas, exclusivamente suas. Terceirizar uma de suas responsabilidades é abrir mão do mínimo de controle que temos sobre nós mesmos.

A sua responsabilidade como líder positivo, é garantir o cumprimento dos seus objetivos, dentro do prazo estipulado, promovendo o favorecimento de um ambiente de trabalho o mais harmonioso, leve e solto possível. Se para garantir tal objetivo, for necessário o desligamento de um colaborador, desligá-lo passa a ser sua obrigação.

A vida pessoal de seu colaborador, suas dívidas, sua família ou sua saúde, são responsabilidades pessoais exclusivamente dele. Ele é o maior interessado em cumprir com suas próprias responsabilidades profissionais a fim de garantir que sua vida pessoal não piore ainda mais. Quando um colaborador decide por não cumprir com suas responsabilidades profissionais, foi uma decisão dele e não sua.

Evitar um desligamento, buscar a compreensão da causa por trás de um desempenho insatisfatório, apresentar um feedback ao seu liderado para que ele saiba o caminho que está tomando, para que assim, possa melhorar, são responsabilidades de um líder positivo. Demiti-lo caso não ocorram as melhorias esperadas, é uma obrigação de um líder positivo.

Quando aprendi esta lição, obviamente não se tornou prazeroso para eu desligar nenhum colaborador, mas evito que isto ocorra ao máximo, claro, dentro dos limites das minhas responsabilidades, o que fugir do meu alcance, é responsabilidade de cada um.

Quando passei a encarar com mais leveza esta situação, comecei a estudar os impactos e necessidades de se separar o joio do trigo. Para ser mais claro, há funcionários que você deve demitir o quanto antes.

Pode parecer estranho falar de leveza e de demissão ao mesmo tempo, mas pelo contrário, há certas ervas daninhas que não deixam seu trigo crescer saudável de jeito nenhum e, nestes casos, é preciso cortá-las pela raiz.

Claro que a decisão de quem deve ou não fazer parte de sua equipe e por quais razões, é inteiramente sua, mas com o passar dos anos pude identificar alguns tipos de ervas daninhas que devem ser cortadas caso você queira ter sucesso como líder positivo. Citarei alguns exemplos:

O Rebelde – O funcionário rebelde é aquele que acha que todas as normas e procedimentos são limitações e ele fará o possível para quebrá-las. Se houver um código de vestimenta, por exemplo, certamente ele será o único a descumpri-lo. Para um líder positivo, isso é péssimo. Ao perceber que seu líder, naturalmente, concede mais liberdade, o Rebelde tende a ir buscar o próximo limite a ser quebrado, e assim o fará constantemente.

O Dramático – Infelizmente esse tipo de colaborador está presente em quase todas as empresas. É aquele que tem um tom negativo para quase tudo. Faz tempestade em copo d'água. Faz questão de enfatizar seus problemas como se fossem os maiores do mundo. Geralmente fala com negatividade e desconfiança em relação à empresa e, sobretudo, à sua gestão, colocando assim uma desconfiança sobre as decisões tomadas.

A Vítima – Muito parecido com o Dramático, este por sua vez, tem sempre uma desculpa para tudo na ponta da língua. Nunca foi culpa dele e há sempre alguém que não fez o que, supostamente, deveria ter feito. Costumam com frequência evitar as responsabilidades e passam o dia repetindo aos quatro cantos que a empresa não reconhece o esforço de seus colaboradores.

O Fofoqueiro – É aquele que está sempre falando mal dos outros pelas costas. O funcionário Fofoqueiro vem sempre ao seu líder para delatar seus colegas que não estão, segundo ele, cumprindo com o planejamento traçado. Preste atenção, alguém que sempre fala mal de alguém para você, muito provavelmente falará mal de você na sua ausência.

O Pessimista – Este tipo de funcionário está sempre duvidando dos planos. Sempre diz que não vai dar certo mesmo antes de tentar. Os Pessimistas costumam com frequência associar a sua certeza do fracasso a um planejamento mal-feito, ou seja, seu líder ou a gestão da empresa.

O Tio do Churrasco – Este tipo é bem comum. Eu costumo chamar de o Tio do Churrasco aquele funcionário que tem sempre uma piadinha sem graça do tipo "Pavê ou Pacumê" e que quase sempre assedia as mulheres do ambiente de trabalho achando que está sendo engraçado. O tio do Churrasco apresenta baixíssimo comprometimento com metas e prazos e ao ser cobrado lhe olha sorrindo e diz "Pega Leve, chefe" se achando sempre seu melhor amigo.

O Invejoso – São funcionários que estão sempre insatisfeitos e são incapazes de reconhecer os méritos de um colega. Ele acredita que se alguma coisa benéfica tem que acontecer, deve ser com ele. Funcionários Invejosos, costumam plantar a ideia de que há protegidos na equipe que são sempre os mesmos beneficiados.

Consegue notar algo em comum em todos eles?

Perceba que em todos os casos, o colaborador exerce liderança negativa, ou seja, ele não faz mal apenas a si próprio, mas costuma contaminar a todos. Gerenciar situações assim podem ser extremamente desgastantes.

Além destes exemplos, existe o mentiroso, o mau-caráter, o preguiçoso, o descompromissado e muitos outros.

Cabe ao líder identificar, buscar soluções e estabelecer um plano de melhoria.

Como líder positivo, acredito que todos merecem saber onde não estão adequados e devem conhecer o caminho a seguir para se adequar. Assim como líderes fazem treinamento para se tornarem líderes positivos, os liderados também devem ter a chance de se tornar mais positivos.

Quando identifico algum dos casos que classifico como joio, ou seja, as ervas daninhas que devem ser cortadas, procuro sempre partir para o caminho do feedback.

O feedback é uma excelente ferramenta para buscar a melhoria de todos.

Procure expor, sempre individualmente, os pontos fracos que você identificou e o que você espera como melhoria. Seja franco e explique com clareza que, para promover um ambiente de trabalho que seja mais harmonioso a todos, tais pontos devem ser trabalhados e que, para tanto, você conta com um engajamento de seu colaborador. Procure sempre uma explanação que demonstre que o ambiente de trabalho que você busca, será melhor inclusive para ele.

Assim como o ambiente que você promove, a conversa com seus liderados também deve ser leve. Um líder positivo abre portas, nunca as fecha. Uma conversa leve, dá abertura à aceitação de quem ouve. Ao explicar uma situação que precisa ser melhorada a um membro de sua equipe, certifique-se de que sua abordagem seja clara e amigável. Se você de fato quiser que a situação melhore, demonstre confiança de que ele é capaz de atingir o objetivo traçado.

Caso os objetivos de melhoria não sejam atingidos, não hesite em separar o joio do trigo. A cada um, sua própria responsabilidade. Assegure-se de que a sua seja feita.

Bons profissionais, dispensam maus líderes. Bons líderes, dispensam maus profissionais.

10

A Prazo, não. No Prazo

Dentre as principais queixas que surgem em um ambiente corporativo, a que mais se destaca é, certamente, o trabalho sob pressão. Com a concorrência cada dia mais feroz, fica praticamente impossível se livrar completamente da pressão constante. Todos precisam produzir mais, melhor e cada vez mais rápido para continuar competitivo no mercado. O problema é que nem todos conseguem se adequar a esta realidade e acabam entrando dentro de uma bolha de estresse que é muito fácil de entrar, mas bem difícil de sair.

Mais do que quantidade, o ideal é conferir qualidade ao seu trabalho. Pesquisas da Organização Internacional do Trabalho (OIT) e também da Organização para a Cooperação e Desenvolvimento Econômico (OCDE) confirmam que trabalhar por mais horas não significa render mais. Os estudos revelam que, no Brasil, trabalha-se mais horas do que em vários países ricos do mundo. Porém, a produtividade no país ainda não é a ideal. Na Alemanha, por exemplo, a média semanal de trabalho é de 38 horas, seis a menos que a média semanal dos brasileiros. Mesmo assim, o trabalhador alemão consegue ser quatro vezes mais produtivo. Isso é um dos indícios de que a gestão e organização do tempo se faz necessária para os profissionais dos mais variados segmentos do mercado de trabalho.

No contexto atual de trabalho, em que a maioria das pessoas tem muitas tarefas e prazos curtos para cumpri-las, a boa organização do tempo se tornou uma prioridade para quem quer alcançar o sucesso. Muitos profissionais tentam resolver o maior número de obrigações durante o expediente e acabam não realizando todas as atividades de modo eficaz na maioria das vezes, o que gera retrabalho, sobrecarga e estresse. Aprender a como administrar o tempo de modo eficaz é fundamental para estabelecer uma rotina mais produtiva e tranquila. Isso evita a exaustão física e mental, a má alimentação e a falta de criatividade. Fatores que são preponderantes para uma boa liderança positiva.

Vou te propor algumas perguntas e preste atenção se você responde SIM a alguma delas.

Você começa seu dia com coisas do dia anterior para finalizar?

Você se dá conta com frequência de que o que você havia planejado para hoje não poderá ser feito hoje?

Você costuma ficar até mais tarde no trabalho para finalizar algo importante?

Você muda com frequência o planejamento do dia por conta de um imprevisto, como uma reunião extra com um cliente, por exemplo?

Se você respondeu SIM para alguma dessas perguntas, é bom ligar o sinal de alerta. Sim, eu sei que quase 90% dos profissionais respondem SIM a alguma dessas perguntas.

Bom, seu sinal de alerta está ligado, e agora?

Agora é hora de agir antes que seja tarde. O excesso de pressão no ambiente de trabalho é o principal causador do estresse, que por sua vez, é péssimo para o ambiente que um líder positivo quer promover. O controle do estresse é tão fundamental, que falhar neste ponto pode colocar seus planos de se tornar um líder positivo na lata do lixo.

Como você já pôde perceber, administrar bem o tempo é uma tarefa essencial e que é difícil, mas não é impossível de se realizar. Para executar essa gestão com sucesso é preciso que você encontre qual é o processo ideal para você.

Com a experiência profissional, e até pessoal, você começa a entender quais são seus "truques", ou seja, quais são os métodos de trabalho que melhor funcionam com você. É bem comum acontecer que um determinado jeito de trabalhar funcione bem para o seu colega, mas não funcione muito bem para você. Assim como um líder positivo entende que cada um dos seus liderados é diferente um do outro e que, portanto, necessita de uma liderança individualizada, o próprio líder também precisa compreender quais são suas próprias particularidades e se adequar a elas. O importante é testar seus métodos até encontrar a forma ideal.

Para lhe ajudar nessa etapa, preparei um passo a passo simples de como gerir seu tempo de maneira saudável, trazendo agilidade e produtividade para o seu dia a dia.

1 - Faça listas: escreva todas as tarefas que você tem que executar de forma resumida em apenas uma linha.

2 - Estabeleça prioridades: ao definir qual é o grau de importância de cada obrigação é possível focar suas energias nos momentos corretos. Ao fim de cada linha escreva a classificação delas dessa forma:

PA = prioridade alta, ou seja, os itens emergenciais;

PM = prioridade média, em outras palavras, os pontos circunstanciais;

PB = prioridade baixa, ou seja, os itens importantes.

3 - Defina prazos: acrescente as datas e horários que as atividades PA devem estar finalizadas. Ao listar e visualizar o que tem a ser feito, você pode controlar melhor suas demandas e cumprir horários e prazos com sucesso.

Após finalizar o planejamento das tarefas PA, comece a colocar as datas e horários de entrega daquelas que são PM.

Só então, coloque os prazos das tarefas PB.

4 - Ao final, faça uma análise de tudo o que você realizou no período que determinou. Esse tipo de verificação irá ajudar você a perceber se está fazendo mais do que deveria ou se a organização permite acrescentar mais obrigações.

Se você tiver a oportunidade, é interessante fazer essa análise em uma tabela, tal como em um documento Excel.

Por meio deste planejamento ainda é possível definir e fazer outras demandas com antecedência.

Existem algumas ferramentas que podem lhe auxiliar durante este processo. Como eu disse, cada um deve experimentar e ver qual ferramenta se adequa melhor a você. Dentre as muitas ferramentas disponíveis no mercado para auxiliar a administração do tempo, uma que eu gosto muito, cuja base foi utilizada para criar este passo a passo, é a Tríade do Tempo.

A "Tríade do Tempo" é uma ferramenta muito útil para auxiliar na análise das tarefas executadas no dia a dia, realizando um "raio x" de como anda sua administração do tempo e sua produtividade. O modelo foi proposto por Cristian Barbosa, um dos maiores especialistas neste tema no Brasil, que elaborou uma metodologia aplicada e testada com mais de 42 mil pessoas. É baseada na premissa de que as nossas atividades podem ser classificadas basicamente em três esferas: Importância, Urgência e Circunstância. Cristian demonstra como as combinações dessas esferas podem criar diferentes tipos de perfis "perigosos", ou seja, com baixo nível de produtividade, e aponta um caminho para auxiliar a administrar melhor essas esferas, mantendo uma vida mais equilibrada, profissionalmente e pessoalmente também.

A Tríade do Tempo também é um indicador gráfico de como está sua produtividade pessoal. Com ela, você poderá visualizar melhor onde seu tempo está sendo gasto.

Uma Tríade do Tempo considerada ideal deve apresentar resultado próximo de:

* Esfera da Importância: 70%

* Esfera da Urgência: 20%

* Esfera Circunstancial: 10%

Está curioso para saber como está a divisão da sua Tríade do Tempo? Então pegue um lápis e corra para a página 147, na seção Testes e Anotações. Lá você poderá responder a um pequeno questionário e em 5 minutos obterá sua Tríade do Tempo pessoal. Vale a pena refazer sua Tríade do Tempo periodicamente para ver como anda sua evolução.

Para ajudar você a organizar suas demandas, atingir as suas metas e aumentar a sua produtividade, invista, se possível, em um profissional de coaching. O coach, com suas metodologias e técnicas, pode desempenhar um papel fundamental em muitos temas, inclusive para a melhor gestão do tempo. Há diversas linhas de trabalho que um coach pode seguir, por isso, procure entender bem suas necessidades antes de partir para uma ajuda profissional. Ao menos este é meu pensamento. Há quem discorde disso com um argumento que eu também considero válido. Muitos decidem buscar ajuda profissional antes de entender melhor suas necessidades, justamente pois consideram que é o próprio coach quem deve fazer a leitura de tais necessidades.

Independente do momento o qual você julga melhor buscar o apoio de um coach, procure sempre boas referências de bons profissionais. Um coach pode custar caro, mas certamente é mais barato do que a perda de tempo.

Com a ajuda do coaching, aquela "simples lista" de passo a passo que elaborei no início deste capítulo, irá se transformar em um método que você poderá desenvolver diariamente. Além disso, esse conceito será construído em total alinhamento com outros exercícios como o autoconhecimento e a inteligência emocional.

O autoconhecimento é uma forma de você transformar suas características positivas em destaques, encontrar outras virtudes escondidas e ainda entender quais são seus pontos negativos para aprender a lidar melhor com eles e, quem sabe, até transformá-los em positivos.

Já a inteligência emocional, se dará pela prática de compreender quais são seus sentimentos em cada situação e como gerenciá-los de modo que eles sejam adequados e lhe ajudem a evoluir como líder positivo.

Cumprir suas metas no prazo estabelecido é uma das grandes chaves do sucesso de um grande líder positivo. Sem esta chave, dificilmente você estará no controle.

11

Rios de Risos

Rir é o melhor remédio. Conhece esta frase? Robert Baden-Powell disse que "a melhor maneira de superar as dificuldades é atacá-las com um lindo sorriso." E ele estava certo. O riso é uma ferramenta poderosa para combater a dor, mostrar gratidão e refletir a nossa felicidade.

Rir é saudável. Não só pela sensação de bem-estar e plenitude que proporciona, mas também porque está provado cientificamente que quando rimos, estimulamos a produção de duas substâncias que provocam um efeito benéfico sobre o nosso corpo. A serotonina e a endorfina. Dois hormônios que juntamente com a oxitocina e a dopamina, formam o chamado quarteto da felicidade por alguns médicos e cientistas.

O riso desencadeia um processo psicológico, neurológico e fisiológico que fortalece nosso sistema imunológico. O riso ajuda a superar até sintomas de ansiedade e depressão.

Rir reduz o estresse. O estresse enfraquece o sistema imunológico, aumenta a pressão sanguínea, contrai a musculatura e pode causar problemas cardíacos. O que o riso faz, nesse caso? O riso estimula o sistema imunológico. Ele reduz a liberação dos hormônios do estresse e aumenta o número de células imunes e anticorpos que combatem as infecções, melhorando assim sua resistência às doenças.

Quando rimos, nos tornamos mais criativos. Se estamos tristes ou desanimados, não pensamos com clareza para resolver os problemas. Ficamos confusos e esquecidos. Quando nosso estado de espírito é positivo, tudo muda. O riso estimula a produção das catecolaminas, substâncias que mantém a mente mais alerta e ativam a memória.

Bom, acho que do ponto de vista médico já está provado que rir é mesmo o melhor remédio.

Além disso o riso nos torna mais receptivos. Quando estamos felizes, nos tornamos mais receptivos e interagimos mais com as pessoas. As relações interpessoais melhoram a nossa qualidade de vida e, certamente, melhoram também o ambiente de trabalho.

O bom humor ajuda a manter uma visão otimista e positiva diante das adversidades. O bom humor é também contagiante. Une as pessoas e melhora os relacionamentos.

O riso é um poderoso antídoto para o estresse, a dor e o conflito. Nada funciona de modo mais rápido ou confiável para trazer o corpo e a mente de volta ao equilíbrio do que uma boa risada. O humor ilumina seus fardos, inspira esperança, conecta você com os outros e o mantém ligado, concentrado e alerta.

Com tanto poder de curar e renovar, a capacidade de rir com facilidade e em grande frequência é um tremendo recurso para superar os problemas, melhorando seus relacionamentos interpessoais e dando suporte à saúde física e emocional.

O riso relaxa o corpo inteiro. Uma boa risada alivia a tensão física e o estresse, deixando seus músculos relaxados por até 45 minutos depois.

O riso lhe dá coragem e força para encontrar novas fontes de significado e esperança. Mesmo nos tempos mais difíceis, um riso, ou até mesmo um simples sorriso, pode fazer você se sentir melhor. E o riso é realmente contagiante, basta ouvir um para ativar seu cérebro e preparar você para sorrir e se divertir.

A ligação entre o riso e a saúde mental é mesmo incrível.

O riso dissolve emoções angustiantes. Você não pode sentir-se ansioso, irritado ou triste quando está rindo. Você sabia que a área de ativação do cérebro é a mesma e que por isso estas sensações jamais estarão presentes ao mesmo tempo? Isto é fantástico!

O riso o ajuda a relaxar e recarregar-se. Ele aumenta a energia, permitindo-lhe manter o foco e realizar mais.

O bom humor muda a perspectiva, permitindo que você veja as situações de modo mais realista e menos ameaçador. Uma perspectiva bem-humorada cria distanciamento psicológico, que pode ajudá-lo a evitar se sentir sobrecarregado.

Os benefícios sociais do humor e do riso são igualmente recompensadores.

O bom humor e a comunicação divertida fortalecem nossas relações ao desencadear sentimentos positivos e promover a conexão emocional. Quando rimos com outra pessoa, uma ligação positiva é criada. Ela funciona como um forte amortecedor contra o estresse, as divergências e a decepção.

Rir com os outros é mais poderoso do que rir sozinho.

O riso compartilhado é uma das ferramentas mais eficazes para manter as relações vivas e emocionantes. Todo compartilhamento emocional constrói laços de relacionamento fortes e duradouros, mas compartilhar o riso e a diversão também acrescenta alegria, vitalidade e resistência. E o humor é uma maneira poderosa e eficaz para curar ressentimentos, desavenças e mágoas. O riso une as pessoas em momentos difíceis.

Incorporar mais humor e diversão em suas interações diárias pode melhorar a qualidade de suas relações com os entes queridos, bem como suas conexões com os colegas de trabalho, familiares e amigos. Usar o humor e o riso nos relacionamentos permite:

Ser mais espontâneo. O bom humor o afasta de seus problemas.

Deixar de lado a postura defensiva. O riso o ajuda a esquecer julgamentos, críticas e dúvidas.

Soltar inibições. Seus temores e resistências são postos de lado.

Expressar seus verdadeiros sentimentos. Emoções profundas são autorizadas a aflorar.

Trazer mais humor e risos à sua vida.

Quer mais risadas em sua vida? Arranje um animal de estimação...

O riso é seu direito de nascença, uma parte natural da vida. Crianças começam a sorrir nas primeiras semanas de vida e riem em voz alta alguns meses após nascerem. Mesmo se não cresceu em um lar onde o riso era um som comum, você pode aprender a rir em qualquer fase da vida.

Comece separando momentos especiais para buscar o humor e o riso, como você poderia fazer com o trabalho externo, e construa-os a partir daí. Futuramente, você vai querer incorporar o humor e o riso à estrutura da sua vida, encontrando-os naturalmente em tudo o que faz.

Aqui estão algumas formas de começar:

Sorria. O sorriso é o início do riso e, como este último, é contagioso. Pioneiros da "terapia do riso" consideram que é possível rir até sem vivenciar um evento engraçado. O mesmo vale para sorrir. Quando você olha para alguém ou vê algo mesmo que ligeiramente agradável, pratique o sorriso.

Conte suas bênçãos. Literalmente, faça uma lista. O simples ato de considerar as coisas boas em sua vida vai distanciá-lo de pensamentos negativos que são uma barreira para o bom humor e o riso. Quando você está em estado de tristeza, tem um caminho mais longo para chegar ao humor e ao riso.

Quando ouvir o riso, mova-se na direção dele. Às vezes, o humor e o riso são privados, uma piada compartilhada entre um grupo pequeno, mas em geral não é assim. Mais frequentemente, as pessoas ficam muito felizes de compartilhar algo engraçado, porque isso lhes dá uma oportunidade de rir de novo e se alimentar do humor encontrado. Quando você ouvir o riso, procure-o e pergunte:

– O que é tão engraçado?

Esta pergunta é um ótimo termômetro de como está sua liderança positiva. Se você conseguir fazer esta pergunta sem parecer irônico, você pode se considerar no caminho certo. Porém se ao fazer esta pergunta, os risos se cessarem e seus colegas se sentirem incomodados, muito trabalho ainda precisa ser feito para que você proporcione ainda mais leveza ao ambiente.

Gaste tempo com pessoas brincalhonas e divertidas. Essas são pessoas que riem com facilidade, tanto de si mesmas quanto dos absurdos da vida, e que rotineiramente encontram o humor em eventos do dia a dia. Seu ponto de vista divertido e suas risadas são contagiosos.

Traga o humor para as conversas. Pergunte às pessoas:

– Qual é a coisa mais engraçada que aconteceu com você hoje? Esta semana? Na sua vida?

Desenvolva seu senso de humor: Leve-se menos a sério.

Uma característica essencial que nos ajuda a rir é não nos levarmos muito a sério. Todos nós conhecemos o rabugento clássico que encara tudo com seriedade mortal e nunca ri de nada.

Alguns eventos são ocasiões claramente tristes e impróprias para rir. Mas a maioria dos eventos na vida e no trabalho não carrega uma devastadora sensação de tristeza ou alegria. Eles caem na zona cinzenta do cotidiano, dando a você a escolha de rir ou não.

Ria de si mesmo. Compartilhe seus momentos embaraçosos. A melhor maneira de se levar menos a sério é falar de momentos em que você se levou muito a sério.

Tente rir das situações, em vez de lamentá-las. Procure o humor em uma situação ruim e descubra a ironia e o absurdo da vida. Isso o ajudará a melhorar seu humor e o humor das pessoas ao seu redor.

Cerque-se com lembretes para alegrar-se. Mantenha um brinquedo em sua mesa. Ponha um cartaz engraçado em seu escritório. Escolha um protetor de tela de computador que faça você rir. Enquadre fotos de você e sua família ou amigos se divertindo.

Mantenha as coisas em perspectiva. Muitas coisas na vida estão além de seu controle, particularmente o comportamento de outras pessoas. Embora você possa pensar que levar o mundo nas costas é admirável, a longo prazo isso é irreal, improdutivo, insalubre e, até mesmo, egoísta.

Quando você se encontra tomado por aquilo que parece ser um problema aterrorizante, faça estas perguntas a si mesmo:

Vale a pena perturbar os outros?

Isso é tão ruim assim?

A situação é irreparável?

Será que isso é realmente problema meu?

A capacidade de rir, brincar e se divertir com os outros não só torna o ambiente de trabalho mais agradável, mas também ajuda a resolver problemas, conectar-se com os outros e ser mais criativo. As pessoas que incorporam o humor e a brincadeira ao seu cotidiano descobrem que isso renova a elas e a todos os seus relacionamentos.

A vida traz desafios que podem tirar o melhor de você ou se tornam brinquedos para sua imaginação. Quando você se torna o problema e se leva muito a sério, pode ser difícil pensar de forma anticonvencional e encontrar novas soluções. Mas quando você brinca com o problema, muitas vezes pode transformá-lo em uma oportunidade de aprendizagem criativa.

Quando o riso, o humor e as brincadeiras passam a integrar sua vida, sua criatividade floresce e novas descobertas para brincar com os amigos, colegas de trabalho, conhecidos e entes queridos lhe ocorrem diariamente. O bom humor leva você para um lugar mais alto, de onde você pode ver o mundo de uma perspectiva mais relaxada, positiva, criativa, alegre e equilibrada.

Acho que até aqui você já deve ter percebido o quanto eu valorizo o bom humor no ambiente de trabalho, certo? Eu realmente acredito que o bom humor deve ser uma constante no ambiente corporativo, porém, há alguns cuidados que devem ser levados em consideração.

O ambiente bem-humorado deve ser algo natural. Se isto não for natural para você, procure ao menos não deixar o ambiente mal-humorado. Se rir aos quatro cantos não fizer parte de sua personalidade, ao menos se esforce para promover um ambiente onde seus liderados tenham a liberdade para rir quando quiserem.

Obviamente, a momentos em que a gargalhada não é adequada, em que um assunto mais sério com um cliente demanda uma outra postura, em que o riso solto deve mesmo ser contido e, talvez por isso, muitos tenham receio em oferecer tal liberdade. Medir o quanto essa liberdade será oferecida faz parte da sua percepção como líder. Meu papel é demonstrar os benefícios de um ambiente de trabalho onde flui um rio de risos.

Há quem diga que o líder perde autoridade quando cai na gargalhada vez ou outra com seus liderados. Eu posso lhe garantir que isto é um mito. Aliás, o que pude observar nos últimos anos é o efeito completamente contrário. O líder mais bem-humorado e que promove tal ambiente, tende a ser ainda mais respeitado em momentos em que a disciplina se faz necessária. Reparei que liderados que têm líderes que vivem com um sorriso no rosto, dão ainda mais atenção aos momentos sérios justamente pelo fato destes momentos serem marcados por uma quebra no padrão.

Em nenhuma das diversas equipes que tive a oportunidade de liderar, o ambiente mais alegre foi prejudicial. Muito pelo contrário, vi nitidamente a melhoria nas relações interpessoais, no engajamento e, sobretudo, na motivação.

Certa vez, diante de um problema grave que tínhamos muito pouco tempo para buscar uma solução, agendei uma reunião de urgência com alguns membros de minha equipe para pensarmos juntos sobre possíveis soluções. O momento era realmente tenso e demandava muita concentração. Ao adentrar à reunião, sabendo que o bom humor auxilia na concentração, fiz uma brincadeira com um colega que logo me indagou:

– Você não fica estressado nem em uma hora dessas?

Mal sabia ele que por dentro, mas procurando não demonstrar, eu estava bem tenso devido à gravidade do problema, mas outra coisa que ele também não sabia é que aquela atitude havia sido realmente planejada. Naquela hora, me veio uma resposta que continua sendo meu Norte nesses momentos de tensão. Disse a ele:

– Estressado? Você já viu o estresse resolver algum problema?

– Bom, na verdade não – respondeu ele surpreso com minha resposta.

– Nem eu – retruquei – mas, pelo contrário, já vi o estresse nos trazer vários problemas que não tínhamos, afinal, se com serenidade já está difícil de encontrar soluções para as nossas dificuldades, imagina estressado.

É exatamente este o ponto onde quero chegar. O dia em que os gestores e líderes em geral, descobrirem que o estresse não ajuda em absolutamente nada na resolução de problema algum, talvez aí todos comecem a agir com mais autocontrole.

A leveza no ambiente é fundamental para se praticar a liderança positiva. Uma equipe leve, começa com um líder leve. Para isso, rir é, e continuará sempre sendo, uma ferramenta muito poderosa. Use e abuse dela.

Solto

12

Deixe a Água nas Mãos

Quando um colaborador aceita trabalhar em uma organização por um salário X, isto significa dizer que, por este preço, ele vende seu conhecimento, suas habilidades, sua dedicação e, principalmente, seu tempo. E olha que, na maioria das vezes, é a melhor parte do seu dia, das 8h às 17h.

O que você faria se tivesse uma condição financeira tão favorável a ponto de poder escolher onde e, principalmente, se vai trabalhar? Você trabalharia no mesmo local? Faria as mesmas coisas? Durante o mesmo período do seu dia?

Raras são as pessoas que têm prazer absoluto no seu trabalho a ponto de responder que manteriam suas vidas profissionais da mesma forma caso tivessem esta liberdade.

Isso se dá pelo fato de que, quanto mais prosperidade financeira se tem, mais liberdade se tem para se escolher o que fazer, onde fazer e quando fazer.

Analisando estes dados, é aceitável a conclusão de que as empresas não têm, de fato, muito interesse em que seus colaboradores prosperem muito financeiramente a ponto de atingirem sua total liberdade financeira. Isto acarretaria diretamente em ouvir mais "nãos" para várias solicitações, como fazer hora extra, por exemplo.

Esta, claro, é uma situação hipotética e pouco provável, afinal, nós sabemos que, na maioria das vezes, um colaborador que recebe o suficiente para gozar de tal liberdade, atingiu um nível hierárquico dentro da empresa muito elevado, como altas diretorias, vice-presidência ou, até mesmo, a própria presidência da organização e, nestes casos, uma doação extra ao trabalho é algo que permeia suas funções e raros são os executivos que abandonam seus cargos prematuramente por ter alcançado uma saúde financeira satisfatória. Mas provavelmente, para os outros 99% dos colaboradores que são liderados e não líderes, a lógica do "quanto mais dinheiro eu tenho, menos preciso trabalhar" faça bastante sentido.

Seguindo nesta análise, isto significa dizer, em outras palavras, que quanto menos o indivíduo precisar de dinheiro, mais caro ele venderá seu tempo.

Quando me debrucei sobre esta questão, procurei entender qual a razão para que o tempo seja o bem mais precioso das pessoas. Esta reflexão me conduziu a conclusão de que as pessoas consideram seu tempo como fundamental para se ter liberdade. Quando se tem o poder de dizer mais "nãos", as pessoas mais abastadas financeiramente dizem mais "nãos", afinal, elas têm liberdade para fazerem o que gostam e na hora que preferirem.

A palavra-chave aqui é: Liberdade.

Certamente, seu tempo é o bem mais valioso que você tem a oferecer, com algumas poucas exceções de pessoas com raríssimas habilidades totalmente foras da curva, como grandes músicos ou esportistas. Nestes casos, a habilidade fala mais alto. Mas levando em consideração os outros 99% da população restante, é fácil reconhecer que o tempo é mesmo seu bem mais caro, basta perceber que o conhecimento se acumula, as habilidades se aperfeiçoam, o poder se desenvolve, as técnicas se aprendem, já o tempo... bom, este é o único que você terá cada vez menos.

A vida é realmente curta e oferecer 1/3 do seu dia, 5 vezes por semana, durante mais de 30 anos da sua vida, tem mesmo que custar caro.

Mas será que tanta falta de liberdade seja mesmo necessário? Será que não é possível se trabalhar e ser produtivo tendo mais tempo e mais liberdade? Passei anos me fazendo estas perguntas e estou plenamente convencido de que é possível.

Grandes empresas de T.I., como Google e Microsoft, já perceberam isto há algum tempo e decidiram dar mais valor ao conteúdo criativo do que ao tempo. Estas duas empresas, pagam muito bem a seus colaboradores, mas não pelo tempo que cedem à empresa e sim, por suas produções criativas. Acho desnecessário se perguntar se são empresas de sucesso, certo?

Mais uma vez, recordo que o líder positivo é aquele que faz gestão personalizada e respeita as individualidades de seus liderados. Quem disse que todos são criativos das 8h às

17h? Quem disse que todos produzem mais durante o dia, que têm fome ao meio-dia e que gostam de tomar café às 15h? Cada vez mais veremos profissões como: Escritores, Influenciadores Digitais, como os já famosos e consagrados "*Youtubers*" e "*Instagramers*", profissionais autônomos e uma série de outras profissões que têm algo em comum, a liberdade.

O fato de eu ter liberado minha equipe ao meio-dia, após terem concluído um objetivo que fora planejado para todo o dia – conforme contei no capítulo 6 – tem muito a ver com a minha maneira de pensar. Prefiro muito mais as metas por produção do que por tempo. Se você puder estabelecer metas por produção, faça. É muito mais eficaz quando seu liderado decide como e quando quer trabalhar, para lhe entregar seu objetivo no prazo, do que engessá-lo dentro de um modelo comum a todos.

Infelizmente, esse modelo de gestão do líder positivo, ainda não é tão popular, o que faz com que a imensa maioria dos líderes não tenham nem mesmo a liberdade para oferecer tal liberdade. Nestes casos, procure sempre oferecer a maior liberdade que você puder. Como o tempo é o bem mais precioso que temos, ao dar mais tempo a seus liderados, eles se sentem muito mais valorizados e, consequentemente, mais motivados a retribuir essa gentileza a você com mais produção e eficiência. Se puder, seja mais flexível com horários. Perceba que cobrar 5 minutos de atraso é tão mesquinho, que você e seu grupo não ganham absolutamente nada com isso. Muito embora exista horário para chegar e sair, repare como a produção é muito baixa ou quase nula nos primeiros 10 a 15 minutos do dia. Imagino que, como este não é um modelo de liderança tradicional e todos nós crescemos dentro de modelos tradicionais, você agora deva estar pensando coisas como: "Estou começando a discordar desse autor", ou ainda, "Mas isso geraria um péssimo exemplo", ou então, "Assim vai virar festa e, daqui a pouco, não vai chegar ninguém mais antes das 9:30h".

Ainda que esta última afirmação fosse verdade, ótimo, que cheguem todos as 10h, mas que entreguem todos a produção esperada para o dia com qualidade. Mas na verdade, não é isso o que ocorre. Minha experiência tem me mostrado completamente o contrário. Quanto mais liberdade eu dou e quanto mais flexível eu sou em relação aos horários, mais meus liderados respeitam o horário previamente estabelecido. Eu já suspeitava que isto ocorreria mesmo antes de colocar em prática. Não me surgiu essa ideia do nada, foram anos de dedicação ao modelo do líder positivo. O fato é que o uso da Bonificação Recíproca, funciona perfeitamente bem. Ao aceitar um pequeno atraso pela manhã, um almoço um pouco mais estendido ou uma saída um pouco mais cedo, o colaborador se sente bonificado. E de fato é. E isso gera nele, um desejo de retribuir a gentileza.

Como mencionei, a cobrança de 5 minutos de atraso, por exemplo, gera uma economia irrisória e uma punição salarial igualmente minúscula. Já a tolerância, pelo contrário, gerará ganhos futuros. Experimente solicitar, ao seu liderado que você tolerou seu pequeno atraso na semana passada, que fique até mais tarde nesta sexta-feira para concluir um projeto. Com raras exceções, é quase garantido que ele se sentirá na obrigação de retribuir a você a gentileza recebida e ficará até mais tarde de bom grado.

Certamente, decisões como esta, de não cobrar por um pequeno atraso, por exemplo, não devem ser anunciadas. Elas devem ser tomadas em particular, entre você e o colaborador que se atrasou, dessa forma, você mantém o horário estabelecido como regra, além de criar, no colaborador que se atrasou, um sentimento de beneficiado. Isto será muito importante para o efeito da Bonificação Recíproca.

Certa vez ouvi uma metáfora que fez todo sentido com relação ao que penso sobre liderança e liberdade. Imagine que você faz uma pequena concha com sua mão. Agora coloque sua mão dentro de um balde com água ou embaixo da torneira e apanhe um punhado de água. Pronto! É isso que eu entendo por liderança e liberdade. A água na sua mão é a sua equipe. Você deve possuir sua equipe em suas mãos. O bom líder é aquele que, independentemente das circunstâncias, possui sua equipe em suas mãos. Porém, o que acontecerá com a água caso você feche suas mãos? Simples, ela escapará. Quanto mais você apertar suas mãos, mais a água irá se evadir.

Um líder que prende demais sua equipe, acaba a perdendo. Para a grande maioria das pessoas, a empresa na qual trabalham, é o retrato do líder que elas possuem. Uma vez, conversando com uns colegas de trabalho, perguntei se eles gostavam da empresa na qual eles trabalhavam antes. O primeiro me respondeu que achava ótima, que empresa era muito boa e me listou vários pontos positivos, apenas lamentando-se ao final, por ter sido dispensado, juntamente com outros 30 funcionários, por um corte de gastos realizado no ano anterior. Já o segundo, me disse que a empresa na qual ela trabalhava era péssima, que o ambiente era de muita pressão e que era extremamente desorganizada e finalizou agradecendo ao fato de ter sido dispensado, juntamente com outros 30 funcionários, por um corte de gastos realizado no ano anterior. Neste momento, um olhou para o outro e se questionaram simultaneamente:

– Onde você trabalhava?

Foi aí que nos demos conta de que ambos trabalhavam na mesma empresa anteriormente, mas em departamentos diferentes. Claro que nós somos todos diferentes entre si, com expectativas diferentes e vivenciamos as coisas diferentemente também, mas como duas pessoas podem ter percepções tão distintas a respeito da mesma empresa?

Simples, elas possuíam líderes diferentes.

Bons líderes, formam não só uma boa equipe, mas formam também uma boa empresa para se trabalhar.

Por isso reafirmo, que um líder que prende demais sua equipe, acabará a perdendo. Por certo, seus liderados irão partir na primeira oportunidade que tiverem para se sentirem menos sufocados.

Porém, o inverso é igualmente desastroso. Se ao invés de apertar sua mão com a água, você abrir sua mão demasiadamente, a água igualmente irá escorrer entre seus dedos. É isto o que acontece quando um líder da liberdade demais. Deixa de ter sua equipe em suas mãos e acaba perdendo o poder e o controle.

A liberdade excessiva, gera perda do respeito pelo líder e pode, em muitos casos, gerar acomodação e desmotivação de toda a equipe.

Agora eu vou fechar este capítulo te dando a fórmula mágica da medida certa de liberdade, certo? Errado.

Infelizmente não existe a fórmula certa a ser aplicada. A gestão de pessoas, como mencionado algumas vezes, deve ser personalizada e adaptada à sua realidade e à realidade da sua equipe.

Use a meritocracia para oferecer liberdade. Sem dúvidas, oferecer liberdade àquele membro de sua equipe que já é descompromissado, irá piorar ainda mais sua performance. Experimente começar a praticar o oferecimento de mais liberdade com aqueles que já são, naturalmente, mais engajados.

Com o tempo, você verá que não é tão difícil assim manter a água em suas mãos. O ponto ideal é aquele onde a água, digo, onde sua equipe não queira escapar, nem por se sentir muito pressionada e nem por ter liberdade demais.

13

Liderança Democrática

Você já deve ter ouvido falar em "lugar de fala", um termo que ganhou destaque nos debates políticos do Brasil em 2018 e que aparece com frequência entre militantes de movimentos minoritários como feministas, negros ou LGBTs, por exemplo, em ambientes de debates na internet, rádio e televisão.

O tema é polêmico e muitos divergem quando se discute se concordam ou não com a legitimidade ou mesmo a necessidade da existência do tal "lugar de fala". Enfim, o objetivo deste capítulo não é entrar nesta polêmica, mas apenas fazer uma correlação entre a origem do conceito e o que eu entendo como liberdade em um ambiente de trabalho, que na minha visão, deve ser democrático.

O conceito inicial do chamado "lugar de fala", representa a busca pelo fim da mediação no discurso. Quem sofre um preconceito, por exemplo, fala por si, como protagonista da sua própria luta, história e movimento.

É um mecanismo que surgiu como contraponto ao silenciamento da voz de minorias sociais por grupos privilegiados em espaços de debate público.

O "lugar de fala" é utilizado por grupos que, historicamente, têm menos espaço para falar. Assim, negros têm o "lugar de fala", ou seja, a legitimidade, para falar sobre o racismo, mulheres sobre o feminismo, transexuais sobre a transfobia e assim por diante.

Mas o que tudo isso tem a ver com liderança?

O termo "lugar de fala", como popularizado, talvez não se aplique 100% aos liderados em relação a seus líderes por um único aspecto. Os liderados não são minorias.

É claro que liderados existem em um número muito maior do que os líderes por razões óbvias, porém, a questão hierárquica os coloca, muitas vezes, em posição de "oprimidos" em relação aos seus líderes "opressores".

Obviamente que eu discordo completamente desta ideia de que a relação entre líder e liderados deva ser uma relação entre opressor e oprimidos. Muito pelo contrário, minhas técnicas de liderança positiva visam, justamente, humanizar a figura do líder, quebrar o degrau que o separa de seus liderados e promover uma igualdade no que diz respeito à importância que ambos têm para o cumprimento do objetivo.

Porém, é bem verdade, que infelizmente a maioria das relações entre líderes e seus liderados ainda sejam relações de opressão. Daí surgiu, por exemplo, o sindicalismo. Os sindicatos que foram criados na Inglaterra desde 1830 com a industrialização na Europa e que hoje, são mais de 18 mil em todo o mundo, dos quais, acreditem, mais de 16 mil, ou 91% deles, estão no Brasil, nasceram justamente para dar voz àqueles que não possuem ou não possuíam "lugar de fala". Os sindicatos, portanto, foram criados para colocar, à mesma altura, as vozes do empregado e do empregador.

Eu acredito que este número de sindicatos caia drasticamente em um futuro próximo. Não somente pelo fim do imposto sindical obrigatório, adotado pelo Brasil em 2018, mas também pelo fato de que, otimista que sou, acredito que surjam cada vez mais líderes positivos por todo o mundo, incluindo claro, o Brasil.

E qual a função do líder positivo em toda essa história?

O líder positivo, tem a obrigação de promover a liberdade de fala de seus liderados. Promover tal liberdade, não somente deixa seus liderados mais soltos e com mais tranquilidade para exercer suas funções, como também facilita, substancialmente, seu trabalho como líder.

Muitas vezes, os colaboradores têm soluções simples para alguns problemas que você, como líder, pode acabar perdendo muito tempo em busca de uma solução. Discutir sobre os desafios, em busca de soluções com seus liderados é essencial para se atingir maior produtividade.

Diz a lenda, que em uma fábrica de tubos de pasta de dente, foi detectado a saída de algumas caixas que não continham o tubo, gerando assim, reclamações por parte dos clientes. A gestão da empresa, então, desembolsou uma fortuna para desenvolver uma balança que, instalada embaixo da esteira na linha de produção, pudesse detectar a ausência dos tubos de pasta de dente. Assim que a balança detectava uma caixa vazia, automaticamente parava a produção e acionava uma sirene. Um funcionário, então, removia a caixa vazia e apertava um botão para reiniciar a máquina.

Ainda segundo a mesma lenda, um certo dia um dos diretores da empresa, contente com os resultados, resolveu visitar a linha de produção e conhecer a tal máquina que havia solucionado o problema e acabado com tantas reclamações.

Para sua surpresa, ao chegar na linha de produção, fora informado que a máquina havia se desregulado há mais de 2 meses e, portanto, fora desligada.

– Mas como pode isso ser verdade se continuamos sem reclamações? – indagou o intrigado diretor.

– Nossos colegas aqui da produção deram algumas moedas cada um e, com o valor arrecadado, compramos um pequeno ventilador e o colocamos ao lado da esteira, assim, quando uma caixa de pasta passa pela esteira sem o tubo, o ventilador a sopra para longe descartando-a. – respondeu o técnico com simplicidade. – Além do mais, era muito chato aquela sirene que tocava e parava toda a produção. Agora não temos mais que apertar o botão para reiniciar a máquina, já que ela simplesmente não para mais. – Finalizou o técnico deixando boquiaberto o diretor.

Procurei ir atrás da veracidade desta história, acabei conversando com um senhor que trabalha há 25 anos em uma fábrica de pastas de dente em Vinhedo, interior de São Paulo, que me garantiu que esta história é verídica e que ocorreu na linha onde ele trabalhava no final dos anos 80.

O fato é que, sendo verdade ou só mais uma lenda, esta história demonstra claramente a importância em dar liberdade de fala, opinião e sugestão aos seus liderados. As soluções para seus desafios podem parecer extremamente simples para algum deles.

Na empresa onde trabalho, desenvolvemos um programa de recompensa para boas ideias. Há pontuações diferentes para ideias que melhoram a produtividade, que reforçam a segurança no trabalho ou que promovem redução de custos. Para esta última, por exemplo, estipulamos uma recompensa de 5% do valor economizado por ano para o colaborador que implante uma ideia de redução de custos.

Por exemplo, caso um colaborador implante uma ideia que gere uma economia anual de 50 mil dólares, este receberá um bônus de 2.500 dólares. Com o bônus limitado a um teto de 10 mil dólares por ideia, o colaborador que implementar uma ideia que gere uma economia anual de, no mínimo 200 mil dólares, receberá, portanto, o valor máximo do bônus. Em 2 anos de programa, já pagamos o bônus máximo em 3 ocasiões. Em um único ano, pagamos um pouco mais de 40 mil dólares em bônus deste programa para cerca de 12 colaboradores, o que claro, nos representou uma economia bruta anual de quase 1 milhão de dólares.

Consegue perceber a importância da liberdade de fala?

Com este programa, conseguimos, não só dar liberdade aos colaboradores, como também conseguimos motivá-los a buscar melhorias em todos os aspectos.

Há cerca de pouco mais de 1 ano, implementei a reunião de planejamento estratégico. Ao invés de apresentar um plano completo à minha equipe, passei a apresentar, uma vez por semana, o objetivo onde devemos chegar. Juntamente com o objetivo, apresento alguns caminhos possíveis para alcançá-lo, desde o caminho que eu considero o mais lógico, até o pior que consigo imaginar.

Nesta reunião, questiono minha equipe se eles também consideram a minha proposta de caminho mais lógico, realmente a melhor. No início, a tendência dos membros da minha equipe era de sempre concordar com minhas propostas. Como meu objetivo era o compartilhamento de ideias, para assim, traçar realmente a melhor estratégia, percebi que não estava funcionando. Antes de mudar alguma coisa, procurei entender por qual razão as minhas propostas eram sempre aceitas sem maiores objeções. Não era possível que eu realmente tivesse sempre as melhores soluções.

Resolvi então fazer um teste. Certo dia, cheguei à reunião de planejamento estratégico e apresentei à equipe, normalmente, o nosso objetivo e os possíveis caminhos, porém desta vez, apresentei como o caminho mais lógico uma opção não tão ruim, mas que certamente não era a melhor delas. Mais uma vez, os questionei se concordavam com o caminho a ser traçado e, para minha surpresa, após um breve período de hesitação, um a um foram concordando com a minha proposta. Eu havia falhado. Como pode ninguém ter me alertado que havíamos um caminho, digamos, mais fácil a percorrer? Não era aceitável que ninguém havia notado que não estávamos adotando a melhor estratégia.

Minha reunião de planejamento estratégico não estava passando de uma total perda de tempo. Percebi que muitos colaboradores não se sentem à vontade em confrontar seus líderes. Desde então, passei a apresentar em minhas reuniões os possíveis caminhos sem eleger o mais lógico, deixado aberto para discussão. Aos poucos, minha equipe foi se soltando. Hoje, posso com tranquilidade apresentar a minha opção estratégica sabendo que, caso alguém discorde, haverá liberdade para a discussão.

A lição que aprendi é que não se pode ter pressa. A construção de um líder positivo não se faz da noite para o dia. É um processo de transformação. Requer tempo e, acima de tudo, paciência para enfrentar os novos desafios. É preciso fazer uma leitura diária do que está funcionando e do que não está trazendo os resultados esperados.

Não existe uma fórmula mágica, ou algo que funcione com qualquer equipe e em qualquer circunstância. O que existe é comportamento correto, alinhado às melhores práticas de liderança positiva que vão, dia após dia, promover mais liberdade à equipe para que possam, em conjunto, ajudar seu líder a encontrar sempre as melhores soluções de maneira democrática.

É importante salientar que a liberdade não diminui em absolutamente nada a autonomia de um líder, bem como sua total responsabilidade. A decisão é sempre do líder, porém ela pode e será muitas vezes, baseada em uma ideia totalmente elaborada por um liderado. A liberdade é, portanto, uma aliada de um bom líder positivo.

14

Tomada de Decisões

Tomar uma decisão é algo que exige muito de todos nós. E quando levamos esta situação para o campo corporativo, as coisas se complicam um pouco mais, pois as decisões tomadas em uma empresa, geralmente, envolvem custos e também pessoas. Por estas e outras razões, é que, diante deste contexto, é necessário que tenhamos bastante atenção aos fatos e também inteligência emocional para lidar com o que pode acontecer após uma decisão tomada.

Um processo de tomada de decisão pode ser simples ou complexo, isso vai depender do grau de importância, do objetivo a ser alcançado e dos reflexos da escolha na vida pessoal ou profissional do indivíduo. Tomar decisões envolve a identificação do problema, bem como definir os critérios, analisar, escolher alternativas e verificar a eficácia da decisão.

É muito comum que as pessoas encontrem dificuldades para fazer isso em qualquer situação da vida. Isso porque, uma vez consumada, a decisão é uma estrada, geralmente, sem volta. Portanto, é importante ponderar e saber fazer as escolhas certas na hora certa, além de manter um compromisso efetivo com a escolha feita e bem como com suas consequências.

A velocidade com que as diversas situações ocorrem dentro de uma empresa, fazem com que tenhamos de tomar inúmeras decisões ao longo do dia, umas mais simples, ou um pouco mais complexas. Mas a verdade é que, independentemente, do grau de dificuldade de uma decisão, o fato é que ela sempre vai trazer consigo consequências, positivas ou negativas.

Acontece, que mesmo diante destas duas possibilidades, nós, empresários, empreendedores, e gestores como um todo, não podemos fugir dessa responsabilidade, uma vez que as decisões que tomamos são de extrema importância para aqueles que dependem de nós no ambiente empresarial.

Daí vem também a grande importância da tomada de decisões nas organizações, pois são elas que fazem com que nossas empresas saiam do lugar e mantenham-se em constante movimentação no mercado em que atuamos. Assim, o primeiro passo para compreender o quão importante é uma decisão e passar a tomá-la sem grandes sofrimentos, é entender que elas nos trarão grandes ensinamentos, para que assim nos tornemos cada vez mais experientes neste processo.

Com o objetivo de facilitar um pouco mais este processo, para os líderes de uma forma geral, vou compartilhar aqui algumas dicas, que aplico em meu dia a dia e considero fundamentais para tomar decisões de maneira assertiva e otimizada.

Tente enxergar o cenário como um expectador.

Geralmente, quando a decisão depende de nós, ficamos muito envolvidos com a situação e deixamos passar fatos, que se fôssemos apenas observadores, talvez não deixaríamos. Assim, todas as vezes que tiver a necessidade de tomar uma decisão importante em sua empresa, projete-se como um expectador.

Isso vai lhe ajudar a obter informações e opiniões, que o envolvimento direto com a situação impede que você tenha. Experimente colocar este exercício em prática, pois isso vai tornar o seu processo decisório muito mais fácil.

Evite a impulsividade.

É importante que você entenda que são poucas as decisões precisam ou devem ser tomadas do dia para a noite. Sendo assim, nada de impulsividade neste momento. A dica é que você reflita bastante, analise primeiro os fatos, para em seguida chegar a uma decisão que seja benéfica para o maior número de pessoas possível.

Quando se decide de maneira impulsiva, sem analisar os fatos, perde-se a oportunidade de tomar uma decisão mais assertiva.

Coloque os pontos positivos e negativos no papel.

Quando precisamos tomar uma decisão importante, a tendência é que deixemos a emoção falar mais alto e fiquemos cegos para os fatos reais que a envolvem. Para que isso não aconteça, o ideal é que coloquemos em um quadro ou em um papel, os prós e contras de determinada decisão.

Assim, teremos uma visão mais ampla das implicações de cada decisão a ser tomada e poderemos decidir de maneira mais assertiva e racional.

O Coaching na tomada de decisões

Líderes, estão constantemente passando por situações em que se encontram diante de um variado número de caminhos e precisam escolher aquele que leve a organização a atingir o seu potencial máximo.

Um dos grandes diferenciais de uma boa liderança é sua capacidade de tomar decisões que gerem resultados positivos para a organização, para seus colaboradores de uma forma geral, e também para si enquanto profissional.

Em sua vida profissional, o poder de fazer a escolha certa é o que vai definir suas decisões e a forma como apresenta e sustenta suas convicções. Fazer a escolha certa exige que sejamos confiantes e sinceros com nossas escolhas. Por isso, é importante que evitemos protelar ou deixar nossas decisões para depois.

O fundamento das boas decisões é o autoconhecimento, pois é a partir dele que o profissional passa a entender de maneira pontual o que realmente faz sentido para sua vida. E é justamente a partir deste entendimento que é possível desenvolver um maior discernimento para escolher o que é melhor e está de acordo com seus valores e objetivos.

Deixarei o assunto do autoconhecimento para o próximo capítulo pois o considero essencial.

Um líder positivo discute soluções com sua equipe, porém, é ele quem toma as decisões. Discutir soluções com sua equipe ajuda, não só a abrir a mente, como também aumenta a confiança profissional entre os membros de sua equipe.

Somos "bombardeados" por estímulos externos e internos constantemente e, na maioria das vezes, não temos tempo para digerir e refletir sobre essa quantidade de informações e o cérebro acaba atuando de forma inconsciente.

Quando estamos diante de uma situação que representa perigo, sentimos medo e entramos em estado de alerta, isso ocorre para que possamos nos preparar para reagir a uma possível ameaça e tomar a melhor decisão: fugir ou enfrentar o perigo. Algumas pessoas acreditam que as emoções atrapalham quando é necessário tomar uma decisão, porém elas podem ser benéficas no processo de tomada de decisões e para que isso ocorra é necessário interpretar essas emoções adequadamente.

Vamos imaginar um local de trabalho marcado por um alto nível de pressão. Cada pessoa desta empresa reage de maneira diferente aos níveis de estresse relacionado à conclusão de tarefas, à produtividade e ao gerenciamento do tempo. Por exemplo: alguns funcionários entram em um estado de ansiedade muito alto por conta de um novo projeto.

Para algumas pessoas essa sensação pode funcionar como combustível, enquanto para outros pode ser paralisante.

A tomada de decisão faz parte da rotina de um líder, as grandes e pequenas escolhas são, geralmente, tomadas com base nas nossas emoções. O que realmente irá determinar o sucesso das escolhas é a capacidade de interpretar essas emoções de maneira adequada.

Para lidar com a pressão emocional na hora de tomar uma decisão, é importante ter em mente que não se trata de um beco sem saída e sim um horizonte de novas possibilidades. Além de todos os aspectos racionais, tomar uma decisão envolve emoção e por esse motivo é necessário cultivá-las em um estado positivo afim de tornar a situação sempre mais leve.

Afinal, por que temos dificuldades para tomar decisões?

A insegurança e o medo de errar são as principais dificuldades de indivíduos que não lidam bem no processo de tomada de decisão. Algumas pessoas não conseguem lidar com o risco de errar e ouvir possíveis críticas e acabam ficando "em cima do muro". O medo de perder também é outra questão de impedimento: para toda escolha existe uma consequência e, às vezes, é necessário abrir mão de determinadas coisas. Liberte-se!

Como lidar melhor com a pressão emocional?

É preciso se desenvolver emocionalmente para lidar melhor com os padrões limitadores que causam a pressão emocional na hora de tomar decisões. Quando usamos a inteligência emocional para lidar com situações mais complicadas, fica mais fácil manter o foco e a determinação para fazer escolhas de maneira consciente.

Trabalhar o lado emocional é a principal chave do sucesso de um líder positivo em suas tomadas de decisões.

É preciso sempre se lembrar que, quando tomamos o controle de nossas emoções, conseguimos manter a calma para ficar mais solto para tomar a decisão com menos chance de se equivocar, porém, quando são as emoções que tomam o controle sobre nós, ficamos expostos a todo tipo de abalo emocional que gera pressão, medo, aflição, raiva e toda uma série de reações em cadeia que vão tomando conta de sua equipe e colocando por terra todo o seu plano de liderança positiva.

Comece tomando a principal decisão. Invista seu tempo em aprender a controlar suas emoções.

15

Se, Si, Consigo

Henry Ford foi o fundador da Ford Motor Company além de um grande e inspirador Líder Positivo. Henry Ford fundou sua empresa em 1903, aos 40 anos, e em 1914, Ford maravilhou o mundo oferecendo o pagamento de 5,00 dólares por dia, o que mais do que duplicou o salário da maioria dos seus trabalhadores. O movimento foi extremamente rentável. No lugar da constante rotatividade de empregados, os melhores mecânicos de Detroit começaram a trabalhar para a Ford, trazendo seu capital humano e sua habilidade, aumentando a produtividade e reduzindo os custos de treinamento. Ford chamou isso de *"wage motive"* ou "salário de motivação".

No início do século passado, Ford já sabia que clientes satisfeitos se faz com colaboradores satisfeitos.

Certa vez, Ford disse uma frase que muito me inspirou durante o meu processo de desenvolvimento das técnicas de liderança positiva. Disse ele: "Se você acreditar que pode ou se você acreditar que não pode, em ambos os casos você estará certo".

Esta frase me inspirou, inclusive, a escrever este capítulo. Agora que você já conhece o que eu penso sobre o que é ser **líder**, já sabe as razões pelas quais eu acredito que o ambiente deve ser **leve** e por quais motivos eu estou convencido de que um colaborador deve se sentir **solto**, você já tem embasamento suficiente para se tornar um líder positivo. Isso, claro, se VOCÊ quiser.

Obviamente, fica muito difícil querer mudar o modus operandi de sua equipe se você mesmo não mudar o seu. O processo de transformação de um líder positivo depende, exclusivamente, do próprio líder.

É preciso SE motivar para motivar os outros. É preciso ter o poder de SE transformar para transformar os outros. É preciso controlar a SI próprio para controlar os outros. É preciso dar liberdade a SI mesmo antes de dar liberdade aos outros. É preciso estar em harmonia CONSIGO para promover harmonia para sua equipe. É preciso ser positivo CONSIGO antes de ser positivo com os outros.

Nos meus treinamentos de liderança, eu sempre começo observando como os líderes lidam consigo, ou seja, qual a percepção que eles têm deles mesmos como gestores. É primordial que você faça este exercício para seu autoconhecimento. Aliás, o prefixo "auto" foi usado mais de 20 vezes neste livro. Seja no autoconhecimento, autocontrole, autoconfiança, automotivação etc.

Na seção de Testes e Anotações deste livro, você encontrará um teste na página 151, chamado: Você sabe liderar? Avalie seus resultados.

O autoconhecimento é uma das habilidades mais importantes para o sucesso de uma pessoa. A forma como você se comporta e responde a situações externas é regida por processos mentais internos e conseguir identificá-los e compreendê-los é essencial para ter uma vida mais saudável e equilibrada.

Especialmente no que diz respeito ao desenvolvimento profissional e em ambientes corporativos, o conceito de autoconhecimento tem se tornado bastante popular. Cada vez mais as pessoas têm buscado por formas de se conhecer melhor e esse processo está passando por um período de valorização e incentivo. Isto é ótimo para difundir o conceito de liderança positiva, afinal, espera-se que um bom profissional saiba lidar bem com os outros e com o ambiente ao seu redor e, o primeiro passo para isso, é se dar bem consigo mesmo.

Mas diante disso tudo, você já parou para pensar o que o autoconhecimento realmente significa? E indo além, já pensou no quanto você conhece de si mesmo e como pode se conhecer ainda mais?

Apesar da popularização do termo, nem todos estão familiarizados com o real significado e a importância do autoconhecimento e nem com os processos necessários para alcançá-lo. Vamos então falar tudo sobre o assunto e ainda descobrir 15 exercícios práticos que vão te ajudar a se conhecer melhor.

O que é autoconhecimento?

O autoconhecimento é um processo que tem como objetivo identificar padrões de pensamento e hábitos pessoais e, a partir disso, permitir que o indivíduo consiga melhorar suas respostas comportamentais e tomadas de decisão. O autoconhecimento começa dentro da mente e se reflete no exterior, mudando positivamente a forma como uma pessoa percebe o mundo e reage a diferentes situações.

Por meio de exercícios, essa técnica permite que possamos compreender melhor nossos objetivos e desejos e, a partir disso, traçar planos mais eficientes para que eles sejam alcançados. É possível também controlar pensamentos e hábitos destrutivos e evitar que eles impactem negativamente em nossa vida.

O autoconhecimento, como próprio nome diz, faz com que as pessoas se conheçam, se entendam e, a partir disso, tenham consciência sobre o que se passa em sua mente e como isso afeta sua vida. E é por isso que essa prática é tão importante.

Tendo ciência de seus hábitos e pensamentos, é possível identificá-los como bons ou ruins e trabalhar para que eles sejam mais ou menos frequentes e poderosos. Uma pessoa com mais entendimento sobre seu interior poderá usar isso para se desenvolver e evoluir seu lado positivo da liderança.

Uma pessoa consciente de si mesma e de seus pensamentos, consegue identificar suas forças e fraquezas e trabalhar com foco para se desenvolver diariamente. Por isso, buscar o autoconhecimento é o primeiro passo para desenvolver a liderança que proponho.

Existem três níveis de autoconhecimento que uma pessoa precisa desenvolver. Eles foram propostos pelo jovem escritor Niklas Goeke. São eles:

Pensamento: tudo aquilo que você pode desenvolver utilizando apenas a sua própria mente.

Expressão: exercícios para avaliar e desenvolver a forma como você se expressa em termos de crenças, valores e atitudes.

Implementação: o que você pode aplicar no mundo e em sua vida para alcançar os objetivos desejados.

Se você ainda não sabe ou tem dificuldades em como melhorar seu autoconhecimento, vou procurar lhe ajudar propondo alguns exercícios para se desenvolver o autoconhecimento

1. Os três "porquês" do autoconhecimento.

Antes de agir em uma decisão, pergunte a si mesmo "Por que?". Acompanhe sua resposta com outro "Por que?" e depois um terceiro. Se você puder encontrar três boas razões para continuar nessa decisão, você terá mais clareza em sua mente, conseguirá agir de forma mais racional, evitará más ações, que são normalmente tomadas por impulso e ficará mais confiante.

Em suma, ter autoconhecimento significa conhecer seus motivos e determinar se eles são razoáveis. Esse exercício é essencial para isso. Ele representa um dos primeiros passos quando pensamos em Inteligência Emocional.

2. Expanda seu vocabulário emocional.

O filósofo Wittgenstein disse: "Os limites do meu idioma significam os limites do meu mundo".

As emoções criam respostas físicas e comportamentais poderosas que são mais complexas do que "feliz" ou "triste". Colocar seus sentimentos em palavras têm um efeito terapêutico em seu cérebro. Afinal, se você não consegue articular como se sente, isso pode criar estresse e outras sensações negativas. Aumente seu vocabulário emocional com uma nova palavra a cada dia e também não tenha medo de ir além e se aprofundar em seus sentimentos.

Este processo lhe ajudará muito quando você, já como líder positivo, estiver fazendo a leitura das emoções de sua equipe.

3. Pratique dizendo 'não' para si mesmo.

A capacidade de dizer "não" a si mesmo para adiar a gratificação a curto prazo e favorecer o ganho a longo prazo é uma habilidade vital importante. E como um músculo, isso pode ser reforçado com o exercício constante. Quanto mais você pratica dizendo "não" a pequenos desafios diários, melhor você pode suportar grandes tentações.

Há muitas tentações diárias, como por exemplo as redes sociais, fast food, fofoca, trocar a atividade física pela TV etc. Você deve se esforçar para reconhecê-las e evitá-las. Faça um objetivo de dizer "não" a cinco tentações diferentes a cada dia. Anotar suas conquistas em cada dia pode ajudar a manter o foco! Eu sei, é trabalhoso, mas fará parte de uma grande transformação na sua maneira de lidar com suas próprias emoções.

4. Ruptura das reações primitivas.

Uma pessoa sem autoconhecimento corre no piloto automático e responde com reações intempestivas. Um bom índice de autoconhecimento permite que você avalie as situações de forma objetiva e racional, sem agir sobre preconceitos e estereótipos.

Portanto, respire fundo antes de agir, especialmente quando uma situação desencadeia raiva ou frustração. Isso lhe dará tempo para reavaliar sua resposta e definir se ela será mesmo a melhor.

Este, no meu entender, é o exercício mais difícil a ser feito, porém, é o mais transformador quando superado. Não desista facilmente deste exercício. Falhar nas primeiras vezes é, além de aceitável, completamente normal. Um dos líderes que fez um treinamento comigo me disse:

– Lauro, há mais de 3 meses que procuro intensamente passar por este exercício, mas continuo falhando com frequência.

Seria completamente incompatível se eu propusesse a liderança positiva como um meio de promoção de um ambiente leve, e para isso exigisse um treinamento que não fosse leve para os próprios líderes. Por isso que eu deixei este capítulo para o final. Para que você compreenda que tudo passa por você. Você será o termômetro da sua equipe.

Se você não está conseguindo promover a leveza nem para o cumprimento dos seus próprios objetivos, como poderá tornar o ambiente da sua equipe mais leve?

Este exercício da ruptura das reações primitivas, pode ser muito difícil para muitas pessoas. Se este for o seu caso, não se esqueça de ser leve consigo mesmo.

O treinamento de um líder positivo pode ser rápido para alguns e levar mais tempo para outros. Mais uma vez, seria incompatível dizer que um líder positivo deve fazer liderança individualizada se, ao mesmo tempo, eu não considerasse a individualidade de cada líder durante seu treinamento.

5. Seja responsável perante suas falhas.

Ninguém é perfeito. Estar ciente de suas falhas, mas não aceitar a responsabilidade por elas, acaba deixando o trabalho feito pela metade. Muitas vezes criticamos os outros e ignoramos as nossas próprias falhas. O autoconhecimento ajuda a aumentar nossa percepção sobre nós mesmos, criando um espelho interior, e isso previne que tenhamos comportamentos hipócritas.

Evolução e autoconhecimento só acontecem quando você reconhece uma falha. Crie o hábito de assumir suas responsabilidades, ao invés de dar desculpas e veja como você pode melhorar em cada uma das situações.

O modelo de liderança que eu proponho é apenas um modelo. Por experiência, pude provar que quanto mais você se aproximar do modelo de liderança positiva, melhor será o ambiente de trabalho, melhor será a qualidade de vida, melhor serão as relações interpessoais e, por consequência, melhor será a produtividade de sua equipe. Tenha este modelo como a mosca no centro do alvo. Acertar a mosca é praticamente impossível, mas o quanto mais você conseguir se aproximar dela, melhor será.

6. Monitore sua autocrítica.

Há comentários sem parar em nossas cabeças que nem sempre são úteis. O excesso de autocrítica negativa pode levar a quadros de estresse e, nos casos mais extremos, até a depressão.

Preste atenção na maneira como você responde aos seus sucessos e fracassos. Você sempre considera suas conquistas apenas como sorte? Ou crucifica-se muito depois de falhas?

Os contornos de feedback positivos e negativos se formarão em sua mente com base em como você responde a sucessos e falhas. Comemore suas vitórias, perdoe suas perdas e aprenda com elas. É um bom caminho para ampliar as chances de autoconhecimento, pode ter certeza.

Mais uma vez eu reafirmo: Seja leve consigo mesmo.

7. Melhore a sua consciência na linguagem corporal.

Observar-se em um vídeo pode ser uma experiência fascinante, pois a consciência de sua linguagem corporal, postura e maneirismos melhora sua confiança e seu autoconhecimento.

Atualmente, com a ajuda da internet, está cada vez mais fácil se aprofundar em um determinado assunto, nem que seja por alguns dias. Foi isso que fiz com a linguagem corporal. Durante um período, mergulhei de cabeça na hipnose para melhor entender o funcionamento do nosso subconsciente afim de melhorar o autoconhecimento. Neste processo, estudei muito a linguagem corporal e seu incrível poder.

Murchar-se, ou tomar uma "pose de baixa potência" (meio morna, com os braços largados, jogado na cadeira) aumenta o cortisol e alimenta a baixa autoestima, enquanto estar de pé ou ter uma "pose de alta potência" estimula a testosterona e melhora seu desempenho. Este exercício é muito interessante, vale a pena tentar na sua próxima reunião. Usar gestos de mão também ajuda a articular seus pensamentos e afeta a forma como as pessoas se atentam e respondem a você. Gesticular com as mãos abertas, por exemplo, aumentam seu poder de persuasão, que é uma ferramenta de grande utilidade para um líder.

Grave um discurso ou apresentação e avalie sua postura e gestos. Assista a vídeos de oradores qualificados e adote seus maneirismos para melhorar os seus.

8. Conheça o seu tipo de personalidade.

Conhecer o seu tipo de personalidade permite que você maximize seus pontos fortes e gerencie seus pontos fracos. Compreender suas forças e talentos pode ser a diferença entre uma boa escolha e uma ótima escolha. Pontos fortes são habilidades e conhecimentos que podem ser adquiridos, enquanto os talentos são inatos, será?

Quer saber mais sobre seu tipo de personalidade? Faça um teste de personalidade agora mesmo! Na seção de Testes e Anotações deste livro, você encontrará um teste na página 157, chamado: Perfil Comportamental. Vale a pena!

9. Pratique auto avaliação e reflexão.

Um exercício excelente é manter um diário e acompanhar seus desempenhos e progressos diários. Por exemplo, hoje como você classificaria seu nível de autoconsciência, de 0 a 10? Pense em quantas vezes você disse coisas das quais se arrependeu, teve hábitos ruins, tomou decisões distraídas ou teve pensamentos errôneos. Este é um exercício poderoso para o autoconhecimento e pode ser feito a qualquer momento.

Defina metas regulares, quebre essas grandes metas em marcos menores e pergunte-se ao final de cada dia: "o que eu fiz bem hoje?" e "como posso melhorar isso amanhã?".

10. Solicite feedback construtivo regularmente.

Todos nós temos pontos cegos em nossos padrões de pensamento e comportamento. Pedir comentários de feedback construtivos regulares pode ser útil para que sua força de autoconhecimento seja desenvolvida também com base em visões externas e diferentes.

Busque como mentores aquelas pessoas que você respeita, mas que não sejam complacentes com você. Essas pessoas dirão o que você precisa ouvir, não o que você quer ouvir.

11. Faça meditação para desenvolver o autoconhecimento.

Esta é uma dica, digamos, opcional, porém a meditação é uma prática transformadora para melhorar seu autoconhecimento. Concentrar-se unicamente em sua respiração é focar em um processo interno chave. Experimente agora fazer isso por apenas 1 minuto. Veja se você consegue se focar apenas na sua respiração, sem pensar em nada mais por apenas 1 minuto.

E aí, conseguiu?

Com essa prática, você perceberá como sua mente fica vagando em momentos nem sempre adequados e entenderá como melhorar para se livrar dessas distrações.

Se você é um iniciante, comece com sessões de 1 minuto e aumente gradativamente conforme vai se tornando fácil para você. Encontre um lugar quieto para se sentar e respire pelo nariz e pela boca. Conte suas respirações em silêncio, lendo sua mente quando ela vagueia. Veja quantas respirações você pode encadear na sequência sem ser atrapalhado por si próprio. Será que você conseguirá chegar em 10 minutos? Experimente. Estabeleça suas metas.

12. Se questione.

Comece a perceber que nem sempre suas opiniões estão ou precisam estar totalmente corretas. Se questionar é essencial e vai ajudar muito em seu desenvolvimento pessoal.

Sempre que você estiver sendo muito duro ou fechado em si mesmo, coloque uma interrogação no lugar dos pontos finais e comece a pensar se suas convicções fazem mesmo sentido ou se realmente precisam ser tão pouco flexíveis. Isso vai te ajudar a lidar melhor com outros pontos de vista e até a rever certos posicionamentos.

13. Olhe as pessoas nos olhos.

Autoconhecimento é sobre lidar melhor com si mesmo, mas isso também inclui entender como as pessoas reagem quando estão com você e o impacto que você causa nelas.

Por isso, quando estiver falando com alguém, olhe essa pessoa nos olhos e procure compreender o que suas reações, gestos e expressões estão querendo dizer. Você consegue deixá-la confortável, confiante? Ou essa pessoa sempre parece com medo e ansiosa para terminar a interação? Isso vai dizer muito sobre você e sobre pontos que você precisa desenvolver para melhorar sua liderança positiva.

14. Registre sobre suas crenças e valores.

Normalmente, as pessoas têm crenças e valores que servem como um guia e um direcionamento para suas vidas. Então, por que não registrar isso?

Coloque todos os seus sentimentos, valores e crenças em um documento. Aproveite para refletir sobre cada um desses pontos e entender se você realmente os tem seguido. Se a resposta for negativa, pense também em como você pode voltar a andar pelo caminho que deseja. Você irá perceber o quanto seus desafios profissionais, às vezes, lhe afastam de seus valores e como você pode recuperá-los.

15. Se organize e estabeleça prioridades.

Quando se trata de autoconhecimento, outro ponto bastante importante é saber se organizar e, principalmente, conseguir estabelecer prioridades.

Por isso, um exercício interessante é, todos os dias antes de dormir, anotar as tarefas do dia seguinte e então definir as prioridades em termos de execução. Para que dê certo, marque no máximo três tarefas como mais importantes e aprenda a realmente criar uma noção de prioridade. Assim você otimiza seu tempo e consegue ser mais produtivo.

Conclusão:

Agora que você entende o que é o autoconhecimento, sua importância e sabe diferentes formas de desenvolvê-lo, é hora de começar a trabalhar esse conceito em seu dia a dia. Assim, você poderá ter uma vida mais saudável e ser mais eficiente e feliz em diferentes áreas, inclusive na corporativa.

Um bom líder positivo conhece a si mesmo, é capaz de identificar hábitos e pensamentos positivos e negativos e, o mais importante, sabe como lidar com isso tudo e usar isso tudo para se desenvolver diariamente.

O processo de transformação de metodologia de trabalho é um processo contínuo. Seja líder de si próprio e aprenda consigo a respeitar as individualidades e o tempo de cada um.

O ambiente de trabalho, muitas vezes, dita o estado de sua saúde mental e física.

Transforme seu ambiente de trabalho em um ambiente saudável e alegre.

Transforme a maneira como você encara o ambiente corporativo.

Transforme, não só a sua vida, como também a de todos ao seu redor. Nós merecemos ser felizes no ambiente profissional.

Abra a porta do universo da liderança! Assuma o controle! Seja um Líder Positivo! Seja fluente no silêncio! Motive! Seja leve! Saiba dizer não! Demita o joio e dê fertilizante para o trigo! Cumpra suas metas! Ria de si mesmo! Deixe a água nas mãos! Promova a liberdade! Tome suas decisões! E, acima de tudo, conheça a si mesmo!

Eu espero que você, caro leitor, tenha concordado comigo em diversos pontos deste livro. Assim, ficarei satisfeito em saber que mais uma sementinha da liderança positiva foi plantada. Regue-a diariamente.

Foi um prazer conhecê-lo! Nos vemos por aí, ou no próximo livro.

Testes e Anotações

Questionário da Tríade do Tempo

Questionário proposto no capítulo 10 - **A Prazo, não. No Prazo**. Classifique suas respostas de 1 a 5.

① Nunca ② Raramente ③ Às vezes ④ Quase sempre ⑤ Sempre

1. Costumo ir a eventos em geral, festas ou cursos, mesmo sem ter muita vontade, para agradar à família, aos amigos ou ao chefe.
① ② ③ ④ ⑤

2. Não consigo realizar tudo o que me proponho a fazer no dia e preciso cumprir hora extra ou levar trabalho para casa.
① ② ③ ④ ⑤

3. Quando recebo um e-mail ou mensagem, costumo dar uma olhada para checar o conteúdo.
① ② ③ ④ ⑤

4. Costumo visitar com regularidade pessoas relevantes na minha vida – amigos, parentes e pessoas queridas.
① ② ③ ④ ⑤
5. É comum aparecerem problemas inesperados e urgências no meu dia a dia.
① ② ③ ④ ⑤
6. Assumo compromissos com outras pessoas ou aceito novos desafios e cargos, mesmo que não goste muito da nova atividade, se for para obter uma promoção ou aumentar minha receita.
① ② ③ ④ ⑤
7. Tenho um tempo definido para dedicar a mim mesmo e nele posso fazer o que eu quiser.
① ② ③ ④ ⑤
8. Costumo procrastinar e deixar para fazer relatórios, estudar para provas, fazer compras de natal e outras tarefas perto do prazo de entrega.
① ② ③ ④ ⑤
9. Nos horários livre, costumo passar boa parte do tempo assistindo à televisão/séries, jogando ou acessando à internet ou às mídias sociais.
① ② ③ ④ ⑤
10. Faço um planejamento por escrito de tudo o que preciso fazer durante a semana.
① ② ③ ④ ⑤
11. Posso afirmar que estou conseguindo realizar tudo o que gostaria em minha vida e que o tempo está passando na velocidade correta.
① ② ③ ④ ⑤

12. Costumo participar de reuniões sem saber direito o conteúdo, o porquê da minha presença ali ou a que resultado aquele encontro pode levar.
① ② ③ ④ ⑤
13. Consigo melhores resultados e me sinto mais produtivo quando estou sob pressão ou quando o prazo é curto.
① ② ③ ④ ⑤
14. Quando quero alguma coisa, defino esse objeto por escrito, estabeleço prazos em minha agenda, monitoro os resultados obtidos e os comparo com os esperados.
① ② ③ ④ ⑤
15. Leio muitos e-mails desnecessários, com piadas, correntes, propagandas, apresentações, produtos etc.
① ② ③ ④ ⑤
16. Estive atrasado com minhas tarefas ou reuniões nas últimas semanas.
① ② ③ ④ ⑤
17. Faço exercícios com regularidade, alimento-me de forma adequada e desfruto horas suficientes de lazer.
① ② ③ ④ ⑤
18. É comum reduzir meu horário de almoço ou até mesmo comer enquanto trabalho para concluir um projeto ou uma tarefa.
① ② ③ ④ ⑤

Agora some os resultados, conforme o número da pergunta:

Conjunto A		Conjunto B		Conjunto C	
Pergunta	Valor	Pergunta	Valor	Pergunta	Valor
1		4		2	
3		7		5	
6		10		8	
9		11		13	
12		14		16	
15		17		18	

Some os valores totais dos três conjuntos. Repare que o valor máximo obtido não pode ultrapassar 90 e o valor mínimo não pode ser inferior a 18.

Total A: _____ + Total B: _____ + Total C: _____ = Total Geral: _____

Muito bem! Agora que você chegou ao total geral, vamos ao último passo, que é descobrir a porcentagem do seu tempo em cada esfera da tríade.

Para descobrir isso, siga as instruções a seguir, faça as contas com a calculadora e escreva a porcentagem de cada esfera no campo correspondente da tríade:

$$\text{Esfera da Importância} = \frac{\text{Total B}}{\text{Total Geral}} \times 100$$

$$\text{Esfera da Urgência} = \frac{\text{Total C}}{\text{Total Geral}} \times 100$$

$$\text{Esfera das Circunstâncias} = \frac{\text{Total A}}{\text{Total Geral}} \times 100$$

_____% IMPORTANTE

_____% URGENTE

_____% CIRCUNSTANCIAL

TESTE: Você sabe liderar?

Teste proposto no capítulo 15 – Se, Si, Consigo.
Escolha apenas 1 alternativa.

1. Em sua opinião, o sucesso de uma liderança está totalmente envolvido com:
   a) Competitividade
   b) Cooperação
   c) Flexibilidade

2. Em se tratando de uma visão transformadora, a verdadeira liderança deve:
   a) Envolver as pessoas para um único objetivo
   b) Centralizar as principais atividades nas pessoas que transmitem confiança
   c) Inspirar pessoas para que tenham oportunidade de desenvolver suas competências

3. A globalização mudou a mentalidade social em relação à liderança. Antes, tínhamos uma política rígida baseada em "comandos e regras". Na sua realidade, o mercado sugere quais tipos de gestão?
   a) Liderança que minimiza os erros por meio do acompanhamento de mudanças
   b) Liderança que além de bem-informada, minimiza erros e encoraja os liderados para importantes desafios
   c) Liderança que envolve as pessoas, transforma liderados em seguidores e minimiza erros por meio da informação compartilhada

4. O que você acredita que limita o sucesso de uma empresa?
a) Colaboradores desmotivados
b) Liderança sem conhecimentos técnicos e/ou sem experiência complementar
c) Salários incompatíveis

5. Para você, qual a verdadeira arte de liderar?
a) Apresentar a visão futura dos acontecimentos, sem medo de correr riscos, motivando as pessoas para que trabalhem com prazer, sem perder a qualidade prezada pela empresa
b) Centralizar autonomia, traçando regras e passos claros para atingir os objetivos da empresa
c) Romper com o passado e buscar novos desafios, fazendo com que os liderados atuem de forma espontânea na realização de suas atividades

6. Em sua opinião, quais as qualidades que mais se adéquam a um verdadeiro líder?
a) Integridade, sensibilidade, entusiasmo e humildade
b) Iniciativa, persuasão, rigidez e imparcialidade
c) Criatividade, alegria, coragem e flexibilidade

7. Por meio da sua experiência profissional, cite uma das opções abaixo que é imprescindível na realidade de um líder.
a) Capacidade de lidar com problemas
b) A importante missão de saber lidar com pessoas
c) Apenas designar tarefas importantes para os colaboradores de sua confiança

8. Das frases de liderança citadas abaixo, qual você escolheria?
a) "Um dos testes de liderança é a habilidade de reconhecer um problema antes que ele se torne uma emergência" (Arnold Glasgow)
b) "Fácil é ditar regras. Difícil é segui-las" (Carlos Drummond de Andrade)
c) "A diferença entre um chefe e um líder: um chefe diz Vá'! Um líder diz, 'Vamos!'" (E.M. Kelly)

9. Como a liderança pode superar situações desestimulantes?
a) Fazendo da empresa um "laboratório", analisando os aspectos negativos e propondo soluções eficazes para novos ânimos
b) Analisando o comportamento da equipe e propondo diferentes estímulos
c) Na verdade, você acredita que uma boa liderança jamais passaria por essas situações

10. Qual fundamento básico para uma liderança eficaz?
a) Não acredita que exista uma fórmula
b) Traçar metas de forma planejada, conduzindo as pessoas para o êxito organizacional e profissional
c) Depende dos fatores internos e suas possibilidades

Resultado:

Observe o quadro ao lado e atribua os pontos para cada questão.

Faça a soma e veja seu resultado.

Experimente refazer este teste a cada 6 meses com respostas sinceras e acompanhe sua própria evolução.

Pontuação

Questão	a	b	c
1	1	3	2
2	2	1	3
3	1	2	3
4	2	3	1
5	3	1	2
6	3	1	2
7	2	3	1
8	2	1	3
9	3	2	1
10	1	3	2

Acima de 20

Parabéns, a cooperação está totalmente ligada ao sucesso de uma empresa, a verdadeira liderança inspira pessoas e faz com que elas tenham oportunidade de desenvolver suas habilidades e competências de forma integrada. Você está correto, a liderança positiva inspira e transforma os liderados em verdadeiros seguidores. Com a acirrada competitividade é importante destacar que o bom líder está sempre preparado para as mudanças, buscando a todo momento o aperfeiçoamento técnico e interpessoal. A verdadeira arte de liderar para você é a liderança com os olhos no futuro, uma gestão motivadora e engajada na colaboração mútua. Sua visão está totalmente correta, é necessário que exista sensibilidade, entusiasmo e outros fatores importantes que agreguem qualidades a equipe e valores sustentáveis para o sucesso de qualquer organização. Como diz E. M. Kelly: "A diferença entre um chefe um líder: um chefe diz 'Vá!' e um líder diz 'Vamos!'"

Entre 16 e 20

Considero que está próximo a fazer parte do time de Líderes Positivos, realmente é necessária muita dedicação. A liderança é mais profunda do que se imagina, alguns detalhes são essenciais para conduzir as pessoas e organizações ao sucesso. Nem sempre flexibilidade é a alma do negócio, pois encontrar o equilíbrio é fundamental. A cooperação é uma característica que deveria ser "nata" para qualquer líder, ainda mais em um mercado tão transformador desta nova era. A verdadeira liderança motiva, instiga e investe em seus profissionais. Também maximiza confiança, oportunidades e entusiasmo. Um líder precisa estar sempre atento às mudanças. Nem sempre basta resolver os problemas, é necessária uma visão holística da sua equipe e do seu negócio. Nem sempre a empresa é a responsável pelos resultados negativos de uma equipe, mas sim como a liderança traça e conduz suas metas e seus liderados. Como diz Arnold Glasgow: "Um dos testes de liderança é a habilidade de reconhecer um problema antes que ele se torne uma emergência".

Abaixo de 16

Infelizmente, seu resultado não foi satisfatório, mas não desista. Diferente do que muitos imaginam, o sucesso de uma empresa não está na competitividade ou na flexibilidade. É essencial que a organização tenha um ponto de equilíbrio, hoje a cooperação é essencial entre os líderes, colaboradores e departamentos. A política centralizadora é totalmente arcaica, o momento é de transformação e colaboração. Mais que minimizar erros, uma liderança precisa de outros atributos para garantir o sucesso de sua equipe, precisa ter uma visão abrangente em relação ao futuro, informando-se e buscando novas de acompanhar a transformação intensa do mercado. Não podemos pensar que uma equipe desmotivada ou uma liderança desestimulante são frutos de uma empresa injusta, que não oferece salários compatíveis com o mercado, é função desta mesma liderança buscar estímulos e soluções que fazem emergir os negócios da sua organização. Podemos também destacar a importância do eleito a um cargo de liderança, é essencial que ele contribua mais com bom humor, entusiasmo e criatividade. O importante são as atribuições necessárias para conduzir pessoas e uma empresa ao sucesso. Como diz Carlos Drummond de Andrade: "Fácil é ditar regras. Difícil é segui-las"

*Teste desenvolvido por Aline Santos. Consultora de Marketing e Vendas, graduada em Propaganda e Marketing com especialização em Psicologia do Consumidor.

TESTE: Perfil Comportamental

Este teste tem como objetivo demonstrar qual o seu perfil comportamental mais evidente apresentando os seus comportamentos positivos, isto é, características que impulsionam a sua carreira, assim como possíveis comportamentos limitantes, que podem prejudicar na conquista de suas metas e objetivos.

O mais interessante neste teste de autoconhecimento é fazer com que você continue com suas atitudes positivas que contribuem para os seus resultados, e tenha consciência dos comportamentos que podem lhe prejudicar. A administração e mudança das atitudes negativas lhe conduzirão a patamares mais elevados em sua carreira.

Você irá escolher nos 40 grupos de palavras, qual palavra melhor se encaixa a sua característica pessoal em cada grupo.

Por exemplo, no primeiro grupo temos as seguintes palavras:

A	Animado
B	Aventureiro
C	Analítico
D	Adaptável

Caso a palavra ANIMADO seja sua principal característica, você deve marcar com um "X" na alternativa A. Note que você poderá escolher apenas uma palavra.

Cuidado, não preencha o que você acha certo ou errado, preencha como você é.

Algumas pessoas têm dificuldade em observar seus comportamentos, portanto, observando este problema solicite a uma pessoa que te conheça bem para ajudar no processo das escolhas de suas características individuais.

A Animado	A Brincalhão	A Otimista	A Engraçado
B Aventureiro	B Persuasivo	B Franco	B Vigoroso
C Analítico	C Persistente	C Ordeiro	C Fiel
D Adaptável	D Sereno	D Serviçal	D Amigável

A Sociável	A Convincente	A Encantador	A Alegre
B Energético	B Competitivo	B Audacioso	B Confiante
C Doador	C Atencioso	C Minucioso	C Culto
D Submisso	D Controlado	D Diplomático	D Previsível

A Estimulante	A Espirituoso	A Inspirado	A Demonstrativo
B Habilidoso	B Auto suficiente	B Independente	B Decidido
C Respeitoso	C Sensível	C Idealista	C Profundo
D Reservado	D Satisfeito	D Inofensivo	D Irônico

A Charmoso	A Espontâneo	A Desembaraçado	A Conversador
B Positivo	B Seguro	B Ativo	B Firme
C Planejador	C Organizado	C Musical	C Pensativo
D Paciente	D Tímido	D Mediador	D Tolerante

A Vivo	A Atraente	A Inoportuno	A Imprevisível
B Líder	B Chefe	B Impaciente	B Frio
C Leal	C Detalhista	C Inseguro	C Impopular
D Ouvinte	D Contente	D Indeciso	D Desligado

LÍDER, LEVE E SOLTO

A	Popular
B	Produtivo
C	Perfeccionista
D	Agradável

A	Vivaz
B	Valente
C	Comportado
D	Equilibrado

A	Casual
B	Cabeçudo
C	Insatisfeito
D	Excitante

A	Permissivo
B	Orgulhoso
C	Cauteloso
D	Simples

A	Metido
B	Mandão
C	Acanhado
D	Vazio

A	Indisciplinado
B	Insensível
C	Rancoroso
D	Desinteressado

A	Esquentado
B	Discutidor
C	Alienado
D	Incerto

A	Ingênuo
B	Ousado
C	Negativo
D	Indiferente

A	Repetitivo
B	Inflexível
C	Ressentido
D	Relutante

A	Esquecido
B	Franco
C	Complicado
D	Medroso

A	Egoísta
B	Trabalhador
C	Retraído
D	Preocupado

A	Tagarela
B	Indelicado
C	Sensível demais
D	Tímido

A	Desorganizado
B	Mandão
C	Deprimido
D	Confuso

A	Inconstante
B	Intolerante
C	Introvertido
D	Apático

A	Barulhento
B	Tirânico
C	Solitário
D	Preguiçoso

A	Distraído
B	Irritável
C	Desconfiado
D	Vagaroso

A	Desordenado
B	Manipulador
C	Triste
D	Resmungão

A	Convencido
B	Obstinado
C	Cético
D	Lento

A	Agitado
B	Imprudente
C	Vingativo
D	Relutante

A	Instável
B	Astuto
C	Crítico
D	Acomodado

Escolhidas as palavras, você deverá contar quantas marcações fez na letra A, B, C e D e deve fazer a marcação na régua abaixo.

Por exemplo, se você fez 20 marcações na letra A, então pinte 20 casas na régua A.

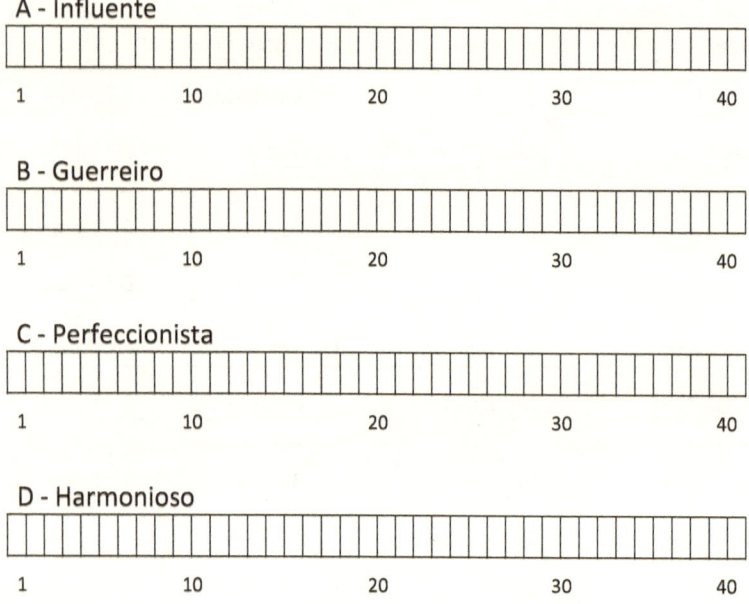

Perfil Comportamental INFLUENTE

Pontos Positivos

• Crença de que a amizade norteia a felicidade na sua vida
• Procuram criar um net work sólido para alcançar seus objetivos
• Bons apresentadores, relações públicas e profissionais de vendas
• Procuram manter o astral da equipe sempre para cima.
• Sorridentes, alegres e com ótimo humor.
• Mediante uma dificuldade não se abalam, tem rápido poder de reação.

Pontos Limitantes

• Perdem o foco dos objetivos e metas com muita facilidade
• São ótimos para transmitir informações, mas péssimos ouvintes
• Como gostam muito de falar, porém não dão espaço ao seu interlocutor
• São desorganizados em suas tarefas e documentos
• Não sabem guardar segredos, pois falam demais
• Egoístas, imaturos e esquecidos

Perfil Comportamental GUERREIRO

Pontos Positivos

• Crença de que alcançar metas e resultados dão sentido à vida
• São muito rápidos na execução de suas atividades
• Para alcançar seus objetivos ultrapassam barreiras com muita facilidade
• São muito objetivos e dão resultados em pouquíssimo tempo
• Mediante uma dificuldade não se abatem facilmente. Confiam em suas habilidades
• Procuram soluções fora do convencional para atingir seus objetivos

Pontos Limitantes
- Podem buscar resultados a qualquer custo, quebrando regras importantes
- Podem parecer arrogante, comprometendo o trabalho em equipe
- Podem não compreender corretamente o que foi delegado, pois têm ansiedade em executar
- Sua autoconfiança exagerada não permite experimentar ideias de outras pessoas
- Um líder Guerreiro pode estourar sua equipe, pois para ele o que interessa é o resultado
- Oferece feedback ofensivo quando as coisas não acontecem da forma como planejou

Perfil Comportamental PERFECCIONISTA

Pontos Positivos
- Crença de que a perfeição nas atividades é o caminho do êxito
- Trabalhos impecáveis sem qualquer erro ou comentário negativo
- Muito persistente na realização de suas tarefas
- Ótimo ouvinte, ao receber uma tarefa presta atenção em detalhes
- Procuram superar as expectativas de seus clientes e líderes
- Extremamente organizados e dedicados.

Pontos Limitantes
- Podem parecer arrogantes com perfis comportamentais não perfeccionistas
- Quando tomam decisões não são flexíveis a novas ideias que podem surgir
- Ficam estressados quando as coisas não saem perfeitas
- Não conseguem equilibrar a vida pessoal e o trabalho
- Demoram a entrar em ação, pois precisam de tudo perfeito para agir
- Costumam não delegar, pois ninguém fará tão perfeito como ele

Perfil Comportamental HAMONIOSO

Pontos Positivos
• Pessoas fiéis e de confiança a empresa e ao seu líder
• Ótimos apaziguadores de conflitos
• Bons ouvintes num processo de delegação
• Calmos, equilibrados e tranquilos em momentos de estresse
• Prestativo as necessidades da empresa, da liderança e de seus pares
• Ótimos para cargos de confiança na empresa

Pontos Limitantes
• Demoram em dar resultados, pois são lentos
• Executam apenas uma tarefa de cada vez
• Não gostam de mudanças e inovações
• Desanimam-se com facilidade quando as coisas não dão certas
• Indeciso em momentos que requer decisões
• Tímidos e retraídos em reuniões.

*Teste desenvolvido por Ricardo Piovan do Portal Fox – Consultoria, Coaching e Treinamento

Anotações

www.ingramcontent.com/pod-product-compliance
Lightning Source LLC
Chambersburg PA
CBHW021411210526
45463CB00001B/314